KB103873

케미컬 마케팅

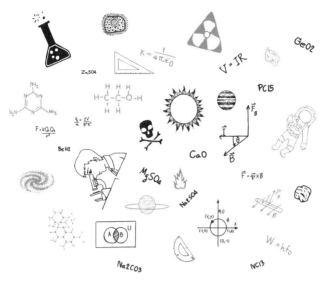

케미컬 마케팅

───── 전병옥 지음 ─────

화학 산업을 위한 B2B 마케팅

가끔 주변을 자세히 관찰해 볼 때가 있다. 내 주변에 어떤 종류의 화학제품이 있는지 확인하고 싶어서다. 다분히 직업적 관점이 반영된 행동인데, 좁은 공간에서도 셀 수 없이 다양한 화학제품을 확인하곤 한다. 그러면서 슬며시 이런 궁금증도 생긴다. 이렇게 다양한 제품들은 누가, 어디에서 생산하여, 여기까지 와 있나? 여기에 관계된 사람들은 어떤 전문적인 지식과 경험을 가지고 있을까? 돌이켜 보면, 이와 같은 호기심을 가지고 산업재(Business-to-Business, B2B) 시장의 하나인 화학 산업에서 20년 가까이 경험을 쌓아 온 것 같다. 이 책은 이런 질문들에 대한 필자의 해답을 정리해 보고 싶어 기획한 것이다.

서점에 나가 보면, 매장 한 편에 잔뜩 모여 있는 마케팅 관련 책들을 볼 수 있다. 그중 일부분은 화학 산업과 같은 B2B 산업에 대한 마케팅을 주제로 하고 있다. 훌륭한 책들이 많고, 일부는 이 책에서도 참고문헌으로 사용될 것이다. 그러나 이런 책들이 주로 소비재 마케팅과의 이론적인 차이점에 초점을 맞추고 있어서, 실무에 적용하기에는 조금 부족하다는 것을 아쉬워하곤 했다. 그러면서도 나의 역할은 지식의 소비자이지 생산자는 아니라고 생각해 왔는데, 최근에 그동안 국내외 여러 기업에서 쌓은 지식과 경험을 바탕으로 '케미칼 마케팅 연구소'를 창업하면서, 모아둔 자료들을 다시 정리할 기회가 있었다. 그중에서 사내 교육을 위한 자료를 따로 모아서 한 권의 책으로 엮으면, 업계의 사람들과 마케팅을 공부하려는 학생들에게 조금이나마 도움이 될 것 같다는 생각에 이르러 이 책을 기획하게 되었다. 화학 산업을 위주로 내용이 정리되었지만, 다른 B2B 산업에서 신제품을 기획하거나 새로운 시장을 찾아 나서는 사람들에게도 도움이 되기를 기대한다.

한국은 전 세계 5위 규모의 화학 산업을 보유한 화학 강국이다. 국내에서만 150조 원 이상의 매출과 15퍼센트 이상의 일자리를 창출하고 있으니 화학 산업은 비중이 결코 작지 않다고 할 수 있다. 그러나 대부분의 B2B 제품들처럼 화학제품들은 일반 소비자의 기호와 인식에 거의 영향을 미치지 않는다. 이런 점 때문에, 오랫동안 화학 회사들은 제품을 개발하고 영업 능력을 확보하는 것이 비즈니스의 핵심 역량이라고 생각해 왔다. 다른 B2B 산업들도 크게 다르지 않을 것이다. 그러나 이런 전통적 방식은 최근에 큰 변화를 맞고 있다. 후방 산업의 제품 수명 주기가 빨라지고, 시장이 세계화되면서 경쟁이 심해지고, 고객의 요구가 점점 더 까다로워지고 있기 때문이다. 그리하여 규모의 경제를 통한 원가 경쟁 우위보다는 발빠르게 신규 수요를 창출하고 제품의 포트폴리오를 최적화하는 역량이 주목받고 있다. 새로운 수요 창출이라는 기업의 사명을 수행하는 최전선의 부서가 바로 마케팅이다. 제품 차별화, 잠재 고객 발굴, 비즈니스 모델 혁신 등 현재 산업계에서 가장 뜨거운 과제들은 대부분 마케팅 부서를 중심으로 진행되고 있다. 이에 따라 기존의 대기업들은 기술이나 영업 중심 조직에서 마케팅 중심 조직으로 발 빠르게 변신을 시도하고 있다. 비단 마케팅 관리자뿐 아니라, 다른 부서의 관리자들도 이런 상황을 잘 인식하고, 관련 역량을 개발해야 할 필요가 생긴 것이다. 이런 점에서도 이 책이 조금은 유익한 참고 서적이 될 수 있기를 기대한다.

이 책은 B2B 마케팅 활동에 꼭 필요한 내용을 9장으로 나누어 설명한다. 각 장의 주제와 관련된 핵심 질문들을 도출하여 이에 대한 해답을 찾아 가는 형식으로 내용을 전개하려 한다. 해당 질문들은 기존 이론과 컨설팅 실무 과정을 통해 도출되었고, 독자들이 마케팅 관련 내용을 쉽게 이해할 수 있는 장치로 사용되었다. 실무 과정에서 많이 접하고 자문하게 되는 질문이므로, 필요할 때 적절히 참고할 수 있기를 기대한다. 무엇보다 기업에서 실행하는 많은 마케팅 활동들이 어떻게 서로 유기적으로 연결되어 있고, 그 중요성이 무엇인지 이해하는 계기가 될 수 있기를 기대한다.

1장에서 다루겠지만, 화학 산업은 석유를 정제하고 남은 원료를 가공하는 석유화학부터 우리 주변에서 사용하는 비누나 세제 등의 생활화학까지 넓은 범위에 분포되어 있다. 이 책은 화학 산업의 제품이 다른 산업의 원료나 부품으로 사용되는 산업재라는 것을 전제로 하여 내용이 전개될 것이다. 비누나 세제와 같은 일반 생활화학제품들은 제품의 특성이나 유통 방식이 소비재에 가깝기 때문에, 다른 책에서 중점적으로 다룰 예정이라는 것을 참고삼아 밝혀 둔다.

이 책은 두 사람의 조언과 도움에 크게 의존하였다. 사이언스북스의 노의성 편집장은 졸고의 출간에 대한 나의 의구심을 잘 다독여 주고, 전반적인 조언을 주었다. 그 덕분에 출간 작업에 정진할 수 있었다. 아울러, 무명의 저자에게 책의 출간 기회를 열어 주고, 글을 잘 다듬어 준 조영남 대표에게도 큰 감사를 전한다. 마지막으로 언제나 믿음과 용기를 보내 주는 가족들, 특히 아내에게 지면을 빌려 사랑과 감사의 마음을 전한다.

2018년 7월

전병옥

1939년 처음 출시된 듀퐁 사의 나일론 섬유

1

화학 산업이란 무엇인가?

1장

"원유 가격은 앞으로 오르겠죠?"

"화학과나 화학공학과를 졸업하면 취직이 잘 되나요?"

"가습기 살균제는 어느 회사 제품이 안전해요?"

친목 모임에서 처음 보는 사람들에게 내 명함을 건네면 자주 듣게 되는 질문들이다. 처음 몇 번은 아는 범위에서 성심껏 설명하고는 했는데, 그 뒤로는 좀 신중해졌다. 화학 산업은 대부분의 산업과 연결되어 있어서 기술적으로 복잡하고 다양한 층위의 시장 구조와 상호 연관되어 있는 데 비해, 내 지식은 매우 제한적이라는 것을 깨달았기 때문이다. 화학과 화학 산업에 대한 이야기를 어떻게 전달해야 하는지 고민하게 되었고, 여러 방법으로 시도도 해보게 되었다.

대학원에서 석사과정을 마친 후, 내 관심사는 당시 한창 주가를 올리던 전자 회사에 취업하는 것이었다. 다행히도 국내 전자 대기업에 취업하여 통신 장비에 필요한 부품 개발 업무를 담당하게 되었다. 그런데 내가 하는 일은 대학원 시절과 거의 달라진 것이 없었다. 날마다 새로운 부품을 디자인하고 화학 공정을 통해 시제품을 만들어 성능을 분석해 보는 게 내 일이었다. 화학으로부터 조금 떨어졌다고 생각했는데, 여전히 화학과 관련된 일을 하고 있었던 것이다. 비단 나만 그런 것이 아니다. 화학이나 재료를 전공한 사람들은 여러 산업에 취업하여 전문성을 쌓아 가는데, 언뜻 관계없어 보이는 산업도 들여다보면 화학과 관계가 깊다. 화학 산업이 거의 모든 산업과 얽혀 있다는 사실의 한 모습일 것이다. 전 세계의 제조업 선진국이 모두 화학 산업에 큰 강점이 있다는 사실은 또 다른 모습이기도 하다. 〈그림 1-1〉은 화학 산업에서 비중이 큰 석유화학 산업의 전/후방 '가치 사슬(value chain)'을 시각화한 것이다. 우리가 인식하는 거의 대부분의 산업과 제품에 화학 산업이 연관되어 있다는 것을 알 수 있다. 화학 산업에 비해 규모가 작을 수는 있지만, 다른 B2B 산업들도 비슷한 유형의 가치 사슬을 가지고 있다.

바스프(BASF), 다우 케미컬(Dow Chemical), 에보닉(Evonik), 듀폰(DuPont), 사빅(SABIC). 2017년 매출 기준으로 전 세계에서 가장 규모가 큰 화학 회사들이다. 대부분 100년 이상 된 장수 회사들이다. 10위권 밖을 살펴보면, 한국의 대표 기업인 LG화학과 롯데케미칼도 있다. 이렇게 오랫동안 기업을 운영하면서 한 해 수십조 원의 매출을 기록하는 회사들이라면 국적과 관계없이

| 그림 1-1 | **석유화학 산업의 가치사슬**

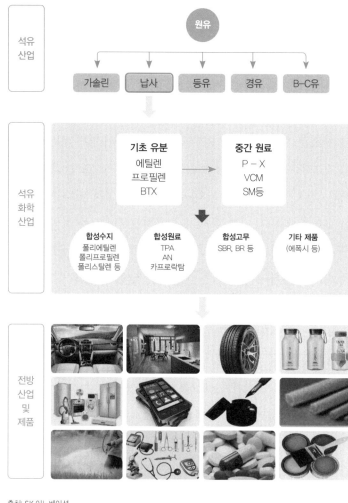

출처: SK 이노베이션

일반 소비자에게 친숙할 만도 한데, 현실은 그렇지 못한 것 같다. B2B 산업의 특성 때문이니 어쩔 수 없지만, 앞으로는 일반 소비자에게도 좀 더 친숙해질 것이다. B2B 기업이면서도 소비자에게 친숙한 인텔(Intel)처럼 화학 기업들도 시장의 전면에서 혁신을 주도해 나가는 모습이 점점 더 많아질 것이다. 시장 환경이 변하면서 화학 기업들에게 기술 혁신과 마케팅 전략이 더욱 중요해지고 있기 때문이다.

이 장에서는 화학 산업의 마케팅 활동을 설명하기 전에 우선 화학 산업의 전반적인 모습을 살펴보려 한다. 독자들이 마케팅이라는 본 게임 전의 몸 풀기 정도로 생각해 주면 좋겠다. 화학 산업이 어떤 모습으로 발전해 왔고, 미래의 모습은 어떨지 예상해 보면, 산업이 요구하는 역량이 무엇인지 감을 잡는 데 도움이 될 것이다.

화학 산업은 어떻게 발전해 왔나?

화학은 물질들 사이에서 일어나는 반응을 탐구하는 학문이다. 주기율표만 외우면 되는 학문이 아닌데, 한국의 학교 교육이 너무 지루한 과목으로 만들어 버린 것 같아 아쉬움이 많이 남는다. 반응의 원인과 결과를 살펴보면, 우리 주변의 수많은 물질들에 대한 기본 지식을 얻게 된다. 이런 지식이 쌓여 인류는 원하는

| 그림 1-2 | **로버트 보일과 안투안 로랑 드 라부아지에**

반응만을 일으키고 제어할 수 있게 되었는데 이것이 바로 화학이라는 학문이 인류에게 가장 크게 기여한 부분일 것이다. 우리 주변의 자원을 원하는 용도에 맞게 변환하려는 욕구는 오래전부터 계속 있었겠지만, 대규모의 효율적인 방법들은 화학 산업의 등장과 더불어 비교적 최근에 개발되었다.

산업으로서의 화학을 돌아볼 때, 가장 중요한 사람이 두 명 있다. 영국의 보일(Robert Boyle, 1627~1691)과 프랑스의 라부아지에(Antoine-Laurent de Lavoisier, 1743~1794)가 그들이다. 이들은 오랜 기간 감각과 경험으로 다루어 오던 화학 반응의 탐구 방법을 바꾸었다. 기존 지식들을 체계적으로 정리하고, 실험 방법을 개선하여 화학 반응을 수치화한 것이다. 이로 인해 반응을 정밀하게 제어하고, 그 결과를 예상할 수 있는 시대에 접어들었다. 이들의 방법론과 지식은 이후의 학자들에게 큰 영향을 끼치게 되는데, 이후의 역사를 주요 기술 혁신과 그 혁신을 일군 인물들 중심으로 살펴본다.

실험 방법이 체계화되고 반응에 대한 이해가 높아지면서, 화학에 대한 인류의 지식은 폭발적으로 증가하였다. 산업적 생산이라 불릴 만한 화학제품은 1736년에 처음 나타났는데, 바로 황산(sulfuric acid)이다. 면화와 같은 천연섬유는 색깔이 거무튀튀해서 옷감으로 쓰려면 표면을 표백하는 과정이 필요했다. 이전에는 동물의 오줌이나 우유를 사용해 표백해 왔는데, 시간이 오래 걸린다는 단점이 있었다. 황산의 대량 생산(그래 봐야 몇 톤 규모이기는 하지만)으로 이 표백 공정이 획기적으로 개선될 수 있었다. 당연히 제품 수요가 늘어났는데, 생산량이 부족하다 보니, 공급이 원활하지 못했다. 이와 같은 산업 내 불균형은 기술 혁신에 큰 자극제가 되고는 하는데, 황산의 생산 역시 이후에 폭발적으로 증가한다. 찰스 테넌트(Charles Tennant, 영국)는 황산을 이용한 표백제를 개발했는데, 1799년에 52톤을 생산한 후, 이듬해에는 1만 톤을 생산했다고 하니 폭발적 증가라는 표현이 틀리지 않을 것 같다. 황산의 제조 공정은 계속 발달하여 19세기 초반 영국에서는 촉매를 사용한 연속 공정이 개발되었다. 이 공장은 1973년까지 제품을 생산했다고 하니, 이것도 전무후무한 기록이 아닐까 싶다.

　황산 외에 비료와 섬유도 화학 산업의 탄생에 기여하였다. 비료와 섬유 역시 서유럽 일부 지역(영국과 프랑스, 벨기에)에서 시작되어 순식간에 서유럽 전역으로 퍼져 나갔다. 특히 19세기 중반에 시작된 비료의 상업적 생산은 농산물 생산량 증가에 기폭제가 되어 이후에 나타난 급속한 인구 증가의 주요한 원인이 되었다. 화학 산업이 본격적으로 성장하면서 관련 기업들도 자리를 잡기 시작하는데, 바스프나 듀퐁, 다우 케미컬 등이 이 시기에 설립된다. 국가별로는 독일과 프랑스, 영국이 앞서 나가는데, 특히 염료 산업을 키운 독일의 산업 지배력이 확대된다. 이러한 경향은 20세기 초반 두 차례의 세계대전을 거치면서 더욱 강화되는데, 현재도 독일은 세계 최고의 화학 강국 지위를 지키고 있다. 독일 화학 산업은 2011년 기준 약 44만 명이 종사하고 있고, 연간 1840억 유로의 매출 실적(한국의 8배 규모)을 기록해, 하나의 산업이 국가 경제에 얼마나 기여할 수 있는지 잘 보여준다. 〈표 1-1〉은 주요 국가들의 화학제품 수출 비중을 추적한 자료인데, 예전에 비해 축소하기는 했지만 여전히 시장 지배력이 크다는 것을 알 수 있다(대규모 생산 시설이 중국으로 이전한 것이 주요 원인이다).

　20세기 들어서, 화학 산업은 이전 두 세기와 비교할 수 없을 정도로 눈부신 발전을 이루었다. 20세기 초반의 두 차례 세계대전은 역설적이게도 화학 산업의 발전에 크게 기여했다. 화학 제품들은 두 차례의 세계대전 동안 때로는 군수 물자로서, 아니

| 표 1-1 | 주요 국가들의 화학제품 수출 비중(%)과 전체 규모(10억 달러)

수출국	1899	1913	1929	1937	1950	1959	1990	2000
영국	19.6	20.0	17.5	16.0	17.9	15.0	8.4	6.6
프랑스	13.1	13.1	13.5	9.9	10.1	8.6	9.1	7.8
독일	35.0	40.2	30.9	31.6	10.4	20.2	17.7	12.1
미국	14.2	11.2	18.1	16.9	34.6	27.4	13.2	14.1
캐나다	0.4	0.9	2.5	2.9	5.2	4.4	1.8	1.6
일본	0.4	1.0	1.8	3.0	0.8	3.1	5.4	6.1
기타	17.3	13.4	15.7	19.7	21.0	21.3	44.5	51.8
전체 규모	0.26	0.59	1.04	0.98	2.17	5.48	309.2	566.0

출처: Murmann, J. P.(2002), "Chemical industries after 1850", *Oxford Encyclopedia*.

면 이후 재건 사업을 위한 기초 재료로서 그 수요가 크게 늘어났다. 늘어난 수요에 대응하기 위해 이 기간에 중요한 기술 혁신들이 많이 일어났는데, 전쟁의 또 다른 모습이라 할 수 있겠다. 그중에서 합성섬유와 플라스틱 제품들은 산업 성장의 획기적인 계기가 되었다. 또한 원유를 주요 원재료로 하는 산업의 가치 사슬이 점차 확립되어 현재까지도 큰 변화 없이 이어져 오고 있다(〈그림 1-1〉 참조).

　20세기 초반의 주요 기술 혁신을 살펴보자. 인디고(Indigo)는 이름에서 알 수 있듯이, 인도 지방에서 최소 4000년 이상 사용해 오던 천연 염료이다(인디고 블루라는 고유 색깔이 있다). 이 염료는 인디고 식물로부터 추출되어 사용되었는데, 1885년 독일의 대학교수 아돌프 바이어(Adolf Baeyer)는 이 염료의 인공 합성법을 발표하였다. 이후 17년간 독일의 회사들과 대학들이 연합하여 상업 생산을 위한 공정 혁신을 이끌어 내었다. 이 17년의 기간이 독일을 포함한 세계의 화학 산업에 큰 축복이 되었는데, 여러 시행착오를 거치면서 유기합성의 상업화에 대한 지식이 급속도로 축적되었기 때문이다. 물론 바이어 교수는 이 발견으로 1905년 노벨 화학상을 받았으니 개인에게도 큰 영광이었고, 상업화에 성공한 바스프는 이 제품 덕에 급속히 성장하여 최대의 화학 회사가 되었으니, 기업에게도 큰 축복이었다.

　비료는 당시 세계 최대 산업인 농업의 생산성을 획기적으로 개선하였다. 이 기여를 인정받아 사회적으로 가장 영향력이 큰 화학제품으로 평가받기도 한다. 1913년 비료 생산에 있어서 획기적인 공정이 개발되었는데, 역시 독일에서였다. 비료의 생산을 위해서는 암모니아(Ammonia)가 필수적인데, 물리 화학자인 프리츠 하버(Fritz Haber)와 바스프 연구원인 칼 보슈(Carl Bosch)는 질소와 수소에서 직접 암모니아를 합성하는 방법을 개발하였다(두 사람 모두 노벨 화학상을 받았다). 후에 하버-보슈법이라고 명명된 이 공정은 경제성 면에서 이전보다 훨씬 유리하였기 때문에 급속히 퍼져 나갔고, 최초의 고압 반응이어서 이에 대한 지식도 크게 확장되었다. 한편, 프리츠 하버는 제1차 세계대전 중 염소를 비롯한 여러 독가스를 개발하고 합성하여 화학 무기의 아버지라는 불명예스러운 이름을 얻기도 했다. 개인의 반짝이는 창의성과 비뚤어진 애국심이 결합한 최악의 결과라고 할 수 있을 것이다. 이후에도 비슷한 사례를 볼 수 있지만, 하버의 경우는 화학 산업의 명암을 나타내는 최초의 본보기로 짚어볼 필요가 있다.

　듀퐁(E. I. du Pont)은 프랑스에서 태어나 미국으로 이민 간 후 1802년에 회사를 설립했다. 이름에서 보듯, 듀퐁이라는 회사의 시작이다. 지금은 또 다른 다국적 화학 기업인 다우 케미컬과 합병하여 다우 듀퐁(Dow DuPont)이 되었다. 재미있는 것은 설립자인 듀퐁의 이름을 근대 화학의 시초인 라부아지에 실험 팀에서도 찾을 수 있다는 것이다. 기록에 의하면 듀퐁은 이 실험 팀의 막내 조수로 일하다 혁명 이후에 불안정한 상태이던 프랑스를 떠나 미국으로 이민했다고 하는데, 이런 관점에서도 라부아지에의 영향력을 다시 확인할 수 있다. 설립 초기에 화약 등을 제조하여 운영되던 듀퐁은 한 세기가 지난 20세기 초에 중요한 혁신 제품들을 연달아 출시하였다. 이 회사의 캐러더스(W. H. Carothers) 연구 팀은 고분자 합성에서 괄목할 만한 성과를 보였는데, 특히 1930년대에 개발한 합성섬유는 이후에 화학 산업의 면모를 바꾸어 놓는 계기가 되었다. 바로 '나일론(nylon)'이다. 나일론은 합성섬유의 장점을 소비자들에게 각인해, 면과 비단,

| 그림 1-3 | 1930년대 듀퐁 사의 공장 전경

C-44 Aerial View of Dupont's "Orlon" Plant, Camden, S. C.

모 등의 천연섬유로 만든 옷만 입던 인류에게 큰 영향을 주게 되었다. 흔히 인간 생활의 필수 불가결한 요소로 의식주를 꼽는데, 비료와 섬유를 인공적으로 합성하여 저렴하게 공급할 수 있게 된 점은 화학 산업의 큰 기여라고 할 수 있을 것이다. 물론 산업으로서의 화학도 급격히 성장하는 계기가 되었다.

고분자 합성 기술은 섬유뿐 아니라 플라스틱의 개발로도 이어졌는데, 현재 우리 주변에서 볼 수 있는 대다수의 플라스틱 제조 공법이 이 시기에 개발되었다. 플라스틱은 수지(resin)라고 불리는 작은 알갱이들을 변형하거나 가교(架橋)해 얻는다. 천연수지는 주로 식물이나 나무에서 추출하여 송진이나 녹말처럼 필요한 곳에 사용하였는데, 그 용도가 매우 제한적이었

| 그림 1-4 | **최초의 합성 베이클라이저(왼쪽)와 베이클라이트를 이용한 라디오**

다. 20세기 초에 고분자 합성 기술이 발전하고, 필요한 원료를 원유의 나프타(naphtha)를 통해 얻게 되면서 플라스틱은 인류의 생활에 빠르게 스며들었다. 합성수지를 원료로 한 최초의 플라스틱은 1907년 벨기에 태생의 미국인 리오 베이클랜드(Leo H. Baekeland)가 발명한 베이클라이트다. 전기 · 화학 회사를 운영하던 베이클랜드는 기존에 사용하던 절연체를 대체할 새로운 물질을 연구하던 중에 아돌프 바이어(인디고를 합성한 그 바이어이다)가 1872년에 썼던 논문에서 페놀과 포름알데히드를 반응시키면 나무의 진과 같은 것이 생긴다는 내용을 찾아냈다. 이것이 베이클라이트의 시작이니, 엄밀히 말하면 아돌프 바이어의 기여가 더 클 수도 있겠다. 베이클라이트는 단단하고 절연성이 있

으며 부식되지 않았다. 여러 가지 첨가물을 넣고 가공할 수 있어서 응용 범위가 크고, 값싸고 내구성도 뛰어났다. 당연히 그 수요가 폭발적으로 증가하였고, 인류는 돌, 철, 나무, 유리 등의 재료에서 값싸고 가공성이 뛰어난 다른 재료를 손에 쥐게 되었다. 이어서 1933년에는 지금도 광범위하게 쓰이는 폴리에틸렌(polyethylene)이 개발되었다. 2차 세계대전 후에는 엔지니어링 플라스틱이라 불리는 폴리카보네이트(polycarbonate), 폴리아세탈(polyacetal) 수지가 개발되었으며, 이들 수지는 폴리에틸렌과 폴리프로필렌보다 충격 강도, 내열성, 내구성이 뛰어나 금속 재료를 대체하기 시작했다. 이런 과정을 거쳐 플라스틱은 우리 일상에 없어서는 안 되는 물질이 되었다. 현재는 그 사용량이 지나쳐 환경오염에 대한 우려가 제기되고 있는 상황이다.

이상과 같이 지난 200여 년 동안 화학 산업은 뛰어난 선각자들이나 세계대전과 같은 외부 환경으로 인해 급속하게 성장했고, 각 지역 경제에서 매우 중요한 위치를 차지하게 되었다. 현재 선진국들 대부분은 화학 산업을 근간으로 성장했다고 말할 수 있다.

화학 산업의 발전에서 석유의 역할을 빼놓을 수 없다. 20세기 초에 본격적으로 개발된 석유는 화학 산업의 가치 사슬을 근본적으로 바꾸어 놓았다. 석유화학 산업이 등장한 것이다. 화학 산업의 경쟁력을 위해서는 석유에 대한 통제권을 가져야 하는데, 이는 기존 산업 강국들이 석유 개발에 열중하는 이유 중 하

케미컬 마케팅

나이다. 석유에 대한 통제권이 없던 개발도상국들은 화학 산업을 발전시키기 매우 어려웠는데, 한국은 매우 예외적인 경우라고 할 수 있다.

현재의 화학 산업은 원유의 나프타를 가공하는 석유화학과 각 후방 산업의 용도에 맞게 재가공하는 정밀화학 분야로 나뉘어 모든 산업의 근간을 이루고 있다. 그만큼 화학 산업은 인류에게 큰 혜택을 제공했다. 그러나 이렇게 발전해 오는 동안 사람들은 화학 산업의 혜택에만 집중해 왔고, 그 반대편의 해로움은 애써 무시해 왔다. 일부 선각자들이 화학제품으로 인한 환경오염 문제를 제기했으나, 산업의 모습을 바꾸기에는 역부족이었다. 그러나 최근의 환경오염은 더 이상 무시할 수 있는 수준이 아니어서 향후의 화학 산업에 큰 영향을 미칠 수 있을 것으로 예상된다. 관련 사항은 다음 장에서 조금 더 자세히 다루기로 한다.

화학 산업은 다른 산업과 어떻게 다른가?

지금 글을 쓰고 있는 곳은 판교의 작은 사무실이다. 이 사무실 주변을 둘러보면, 눈이 가는 모든 곳에서 최소한 하나 이상의 화학제품을 볼 수 있다. 우리의 생활과 화학 산업이 얼마나 밀접하게 연결되어 있는지 새삼 실감하게 된다. 화학과는 관계없을 것 같은 목제 가구, 전자 제품 등도 실은 완성품이 되는 과정에서 많은 화학제품들이 사용된다. 이처럼 화학제품은 그 자체가 완성품의 형태로 우리 주변에 있는 경우는 거의 없고, 다른 최종 제품의 공정에 사용되는 경우가 많다. 유럽의 경우를 보면, 대략 70퍼센트 정도의 화학제품이 산업재 용도로 사용된다. 화학 산업의 가장 큰 특징은 B2B 산업이라는 것이다.

화학제품들은 그 용도에 따라 크게 3가지로 나누어 볼 수 있다.

■ 기초 화학제품: 수지나 석유화학같이 공급 사슬의 최상단 (upstream)에 위치하는 제품들.

■ 정밀 화학제품: 기초 화학제품을 가지고 용도에 맞게 더 가공한 제품들.

■ 생활 화학제품: 세제나 비누와 같이 최종 소비자에게 전달되는 제품들.

판매액을 기준으로 보면, 기초 화학제품들이 약 60퍼센트로 제일 많고, 정밀 화학제품이 25퍼센트, 생활 화학제품이 15퍼센트 정도 된다.

기초 화학제품들은 제품 생산량이 많고, 다른 산업과의 연관성이 크기 때문에 주로 해안의 대규모 공업단지 안에 위치하

| 표 1-2 | **화학제품 구분**(판매액 기준, %)

산업 구분	유럽	그 외 지역
기초 화학	60	61
수지	27	18
석유화학	20	28
기초 무기화학	13	15
정밀 화학	28	24
생활 화학	12	15

출처: CEFIC 2016, "Guide to the business of chemistry", *American Chemistry Council.*

게 된다. 한국에서는 울산이나 여수의 석유화학 공업단지 등이 대표적이다. 또한 환경오염과 안전사고의 위험이 있기 때문에 주거 지역과는 점차 분리되어 왔다. 중동이나 미주 지역의 산유국에서 수입해 온 원유는 정제 과정을 거쳐 여러 화학물질로 분리되는데, 이때 남은 일종의 찌꺼기(naphtha)를 다시 정제 분리하여 기초 원재료로 만드는 것이 일반적인 과정이다. 최근에는 석탄이나 천연가스를 원료로 하는 공정이 개발되어 석유의 의존도가 조금씩 줄어들고 있다.

정밀 화학제품들은 기초 화학제품들을 원료로 사용하여 다양한 후방 산업의 용도에 맞게 개발되었다. 도료나 잉크, 염료, 엔지니어링 플라스틱 등이 정밀 화학제품에 속한다. 후방 산업과의 연계성 때문에 제품의 품질 관리와 연구 개발이 중요하게 되어, 화학 산업 대부분의 연구 인력들이 이 분야에 몰려 있다. 기초 화학제품들은 범용화되어 생산의 효율성이 강조되는 반면, 정밀 화학제품들은 차별화에 따라 수익성이 달라진다. 따라서 생산 효율성 외에 마케팅도 중요한 역할을 한다. 이 책에서 소개하는 대부분의 마케팅 요소들은 정밀 화학제품들에 해당한다고 볼 수 있다.

생활 화학제품들은 주변의 마트에서 흔히 볼 수 있다. 세제나 비누, 향수, 화장품 등의 제품이 여기에 속한다. 일상생활에서 사용하는 제품인 만큼 인체에 해로운지 평가받고 규제되어야 한다(최근의 가습기 살균제 사례가 대표적일 것이다). 마케팅 측면에서도 최종 소비자에게 직접 홍보해야 하는 만큼, 소비자 마케팅(business-to-consumer, B2C)의 요소들이 많이 필요하다. 소비자 마케팅에 관해서는 많은 이론과 책들이 있어서 쉽게 참고할 수 있을 것이다. 이 책에서는 다루지 않을 예정이다.

그렇다면 화학 산업의 규모는 어떻게 될까? 선진국들 대부분은 지난 200년 동안 화학 산업을 통해 큰 성장을 이루었고, 그 유산은 지금도 남아 있다. 유럽의 경우, 화학 산업은 국내 총생산의 1퍼센트 이상을 담당하고 있고, 제조업만 놓고 보면 6퍼센트 이상을 차지한다. 전 세계로 확대하면 화학제품의 총매출은 약

| 표 1-3 | 전 세계 지역별 화학 산업 매출 규모(%)

국가	2001	2011	2014
총 매출(10억 달러)	1,829	3,567	3,555
중국	8.1	26.8	30.4
유럽(EU)	29.8	19.6	17.0
아시아	14.0	18.8	16.3
북미	27.6	17.1	12.8
일본	10.7	6.4	4.7
남미	4.5	5.5	4.4
기타	5.3	5.8	1.4

출처: CEFIC 2016, "Guide to the business of chemistry", *American Chemistry Council.*

3500조 원의 규모를 가지고 있다. 전 세계 인구로 나누어 보면, 한 사람이 1년 동안 약 50만 원어치의 화학제품을 구매하고 있는 셈이다. 자동차 산업이 대략 1700조 원 규모라고 하니, 화학 산업은 매출 면에서 자동차 산업의 두 배라고 할 수 있다

〈표 1-3〉은 전 세계의 지역별 매출 규모를 표시한 것인데, 해가 갈수록 중국은 규모가 급격히 성장하는 반면, 기존 선진국들은 축소되고 있다는 점이 눈에 띈다. 그만큼 중국의 비중이 매

| 표 1-4 | **국가별 화학제품 매출 순위**(10억 달러)

국가	매출
중국	1,222
미국	515
독일	162
일본	156
한국	133
브라질	87
프랑스	87
인도	80
대만	77
이탈리아	57
네덜란드	55
영국	44
스페인	43

출처: CEFIC 2016, "Guide to the business of chemistry", *American Chemistry Council.*

우 커지고 있는 셈인데, 주요 다국적 기업들이 생산 시설을 중국으로 옮긴 것과 중국 국영 기업의 성장에 큰 영향을 미쳤다. 중국 화학 산업의 성장은 한국에게 위협보다는 기회가 되었는데, 한국의 대표 산업인 전자와 자동차의 경우 저렴한 중국의 원재료를 수입하여 원가 절감 효과가 있었고, 석유화학제품들의 수출도 활발히 일어났다. 한국은 원유를 수입해야 해서 상대적으로 원가 경쟁력이 떨어지는데, 한국의 석유화학 회사들은 공정 혁신으로 원가 경쟁력을 개선하고 지리적으로 가까운 중국 시장을 공략하여 큰 성공을 거두었다. 〈표 1-4〉에서 보듯이 한국은 매출 규모에서 전 세계 5위를 기록하고 있는데, 비록 독일에게는 뒤지지만 화학 산업의 원조라 할 수 있는 영국과 프랑스를 크게 앞서고 있다는 점은 충분히 자랑스러워할 만하다.

한국의 울산 석유화학 단지를 방문하면 몇 가지 특징을 볼 수 있다. 이 특징들은 전체 화학 산업과도 연결되기 때문에 한 번 살펴볼 필요가 있다. 울산뿐 아니라 전 세계 화학 산업 단지는 거의 모두 바다나 강을 끼고 있다. 배를 통한 물류 방식이 필요하기 때문이다. 화학 산업에서 운송이 차지하는 비중을 알 수 있다. 또한 에너지를 많이 소모하기 때문에 근처에 발전소를 유치하여 에너지 공급을 안정적으로 유지한다. 여기에 더해 물류비용을 줄이기 위해 후방 산업의 생산공정이 근처에 위치한다. 즉 화학 산업을 중심으로 대규모 산업 클러스터가 형성되는 것이다. 그뿐 아니라 화학 산업은 오랜 기간 기술 혁신을 이끌어왔기 때문에 근처에 유수한 대학과 연구 기관이 있는 경우가 많다. 따라서 전체적으로 인구 유입 효과가 크고 지역 경제에서 차지하는 비중이 높을 수밖에 없다. 중동이나 남미의 산유국들이 훌륭한 원재료 경쟁력에도 불구하고 주요 화학 산업 국가가 되지 못한 것은 적당한 후방 산업이 없어서 경쟁력을 유지하기 어렵고 기술 혁신을 이끌어 갈 인재들이 부족하기 때문이다. 원재료를 대부분 수입하는 일본과 한국이 화학 산업을 이만큼 성장시킨 것은 대단한 일이 아닐 수 없다.

다시 울산 산업 단지 이야기로 돌아가면, 이곳을 처음 방문한 사람들은 산업 단지의 엄청난 규모에 놀라게 된다. 드넓은 지역에 여러 기업들이 같이 있고, 커다란 반응기 사이로 수많은 배관이 연결되어 있다. 하지만 일하는 노동자는 보기 어려울 것이다. 이처럼 화학 산업은 대규모 장치 산업이고 초기 투자 자본이 많이 필요하다. 이러한 규모는 개별 기업의 힘만으로는 갖추기 어려우니, 화학 산업은 국가의 정책과 역량에 크게 의존하는 편이다. 기초 화학 산업은 규모의 경제를 이루는 것이 경쟁력의 핵심이므로, 국가와 기업의 협력이 더욱 중요하다.

화학 산업의 도전과 미래

한 산업의 미래는 현재의 연구 개발 방향을 통해 예측해 볼 수 있다. 지난 세기 동안 일어난 기술 혁신과 공급망 확대, 시장 세계화를 통해 화학 산업은 눈부시게 성장했다. 그러나 새로운 세기를 맞이하면서 이전과 다른 심각한 도전에 직면하게 되었다. 이와 같은 도전은 개별 국가나 기업에 한정되는 것은 아니기 때문에 거의 모든 생산 주체가 연구 개발 투자를 늘려 관련 문제를 해결해 나가고 있다. 중요한 몇 가지 사항을 통해 화학 산업의 미래를 그려 보고자 한다.

가장 시급하고 중요한 문제는 환경오염이다. 최근에 심해지고 있는 미세먼지, 바다에 떠다니는 엄청난 양의 플라스틱 폐기물, 이산화탄소 배출로 인한 기후변화 등 거의 하루도 빠짐없이 관련 기사를 보게 된다. 사회적 참사라고까지 일컬어지는 가습기 살균제 문제는 '화학제품 혐오(chemiphobia)'라는 말까지 낳았다. 화학 산업에 대한 일반 소비자들의 시선이 매우 날카로워진 것이다. 모든 문제가 최근에 불거진 것은 아니지만, 정도가 심해지면서 해결책에 대한 사회적 압력이 증가하고 있다. 이 압력으로 인해 각 정부의 규제도 계속 강화되고 있다. 화학 산업은 지난 200년 동안은 인류에게 큰 혜택을 제공해 왔지만, 이제는 점점 더 새로운 방향 설정이 필요해지고 있다. 화학 산업 관계자들은 조금 억울해할 만하다. 그러나 꼭 그렇게 생각할 일만도 아니다. 사람과 환경이 공존하는 해결책도 화학 기술 혁신을 통해서만 가능하기 때문이다. '녹색 화학 혁신(green chemical innovation)'이 점점 중요해지는 원인이 여기에 있다.

녹색 화학 혁신은 산업의 '지속 가능한 발전(sustainable development)'이라는 개념이 화학 산업으로 확대된 것이다. 모든

| 그림 1-5 | **환경 요소를 고려한 개발 전략 사례**(바스프의 경우)

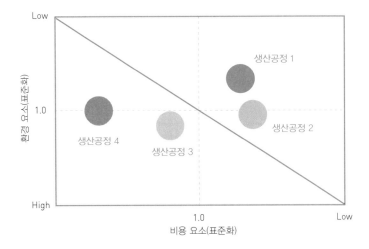

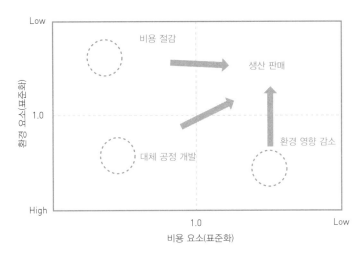

산업 성장은 현재의 필요뿐 아니라 미래 인류 세대의 필요까지 충족해야 하는데, 이를 위해서는 반드시 자원과 환경이 보존되는 것을 전제해야 한다는 것이다.

규제가 강화되면서, 기업들의 대응 전략도 활발해지고 있다. 과거에는 정부 규제에 대한 소극적인 대응과 기업의 사회적 책임(corporate social responsibility)이라는 관점이 주를 이루었지만, 최근에는 기업들이 미래 경쟁 우위를 확보하는 차원에서 대응 전략을 설계하고 있다. 〈그림 1-5〉는 주요 화학 기업 중 하나인 바스프가 친환경 요소를 분석하여 사업 개발 전략에 반영하는 과정을 나타낸 것이다. 예전에는 비용과 생산성 등을 고려하여 생산공정과 제품 전략을 설계했지만, 최근에는 환경 효율성 분석(eco-efficiency analysis)을 병행하여 선택의 기준을 확대하고 있다. 환경 효율성 분석은 제품의 전체 수명 주기를 분석하여 수명 주기의 단계별로 제품의 경제적, 사회적, 환경적 측면을 종합적으로 검토해 수치화한 것이다. 이와 같은 수치화가 가능하게 된 후부터는 신제품 개발이나 공정 개발에 환경 효율성을 적용할 수 있게 되었다. 〈그림 1-5〉에서 보듯이, 환경 효율성을 비용 요소와 결합하면 어떤 생산공정이 가장 최적화되어 있고, 향후에 어떤 방향으로 개발이 이루어져야 하는지 파악할 수 있다.

화학 산업은 90퍼센트 이상의 원료를 석유나 석탄, 천연 가스와 같은 화석연료로부터 얻고 있다. 특히 석유의 비중이 높은데, 이 부분에 대한 기술 혁신도 빨라지고 있다. 기존의 나프타 정제 과정 없이 원유에서 바로 화학물질을 분리해 내는 공정 간

소화(oil-to-chemical)와 식물로부터 필요한 원료를 추출하는 기술들이 활발하게 연구되어 성과를 보이고 있다. 한 번 사용한 제품들을 재사용하는 기술들도 빠르게 발전하고 있다. 이렇게 되면, 석유에 대한 의존성이 떨어져서, 석유에 대한 통제권 없이도 산업을 발전시킬 수 있을 것이다.

많은 국가들이 경쟁적으로 현재의 에너지 구조에 변화를 주려고 한다. 화석연료에 대한 지나친 의존을 줄이고, 재생 가능 에너지로 에너지원을 확대하는 것이 핵심이다. 이에 따라 태양광 발전과 연계된 산업들은 더욱 급부상할 것이다. 에너지원의 다양성 외에 전기 에너지 배송망의 효율화를 위한 스마트 그리드(smart grid)가 점차 확대되면서, 전지(battery)나 에너지 저장 장치(energy storage system) 관련 산업의 성장에 대한 기대도 크다. 모두 한국 화학 기업들이 선도하고 있는 분야여서, 국가 경제 성장에 대한 기여 역시 클 것으로 예상된다.

에너지원의 구조를 다양하게 구성하는 것과 함께 에너지 효율을 증가시킬 수 있는 가볍고 튼튼한 재료에 대한 요구도 커지고 있다. 무거운 소재인 철과 튼튼하지 못한 플라스틱을 대체할 재료가 필요한 것이다. 하지만 획기적인 재료의 개발은 지체되고 있어서, 화학 기업들은 여러 재료를 배합하여 물리적·전기적 특성을 강화한 복합 재료(composite)의 개발에 집중 투자하고 있다. 이로 인해 탄소섬유(carbon fiber)의 중요성이 커지고 있으며, 이번 세기에 투자가 가장 활발한 산업 분야가 될 것으로 예상된다.

| 표 1-5 | **바이오 산업의 분류**

주요 산업	관련 분야		주요 제품 및 정의
레드 바이오	보건 / 의료	IT 헬스케어	바이오 정보에 기반한 기술과 IT가 융합된 의료 제품 및 서비스
		바이오 신약	세포 치료제, 항체 치료제 등 바이오 기술 기반 신약
그린 바이오	식량 / 자원	유전자 변형 작물(GMO)	유전자 조작에 의해 기능과 생산성 등 품질이 개량된 작물
		식물 공장	시설 내 빛, 온/습도, 이산화탄소 농도 및 배양액 등 환경 조건을 인공적으로 제어하고 조직 배양, 세포 배양 등 다양한 바이오 기술을 활용하는 농작물 생산 시스템
화이트 바이오	환경 / 에너지	바이오 플라스틱	석유 기반 고분자 중 생분해성 고분자를 포함한 바이오매스 기반 고분자
		바이오 연료	바이오 알코올과 바이오 디젤 등 바이오매스 기반 연료

출처: 산업연구원.

최근 10년 동안 화학 업계는 바이오화학(biochemistry) 제품들을 중심으로 포트폴리오를 확장하고 있다. 이런 추세는 앞으로도 더욱 가속화될 것이다. 현재의 기술 수준으로는 증가하는 인구와 도시화, 사막화 등의 당면 문제를 제대로 풀 수 없어서, 화학 산업이 기술 혁신을 통해 여기에 대응해 나가야만 하기 때문이다. 바이오 기술은 '특정 부품, 제품이나 프로세스를 만들기 위해 살아 있는 유기체나 생물 시스템을 상용하는 기술'로 정의되며, 현재는 바이오 산업을 일반적으로 3가지 색깔을 가지고 분류하고 있다(〈표 1-5〉). 바이오 산업은 잠재 시장 규모가 크고, 화학, 생물학, IT 기술 등이 융합되어 있어 향후에 가장 경쟁이 치열한 분야가 될 것으로 예측된다.

앞에서 언급한 기술 혁신들은 향후 10년 안에 뚜렷한 성과를 보일 것으로 예측된다. 화학 산업의 역사를 보면, 생산성과 경제성 검증을 마친 기술 혁신은 매우 빠르게 확산되는데, 이들 기술들은 현재 검증 단계를 거의 통과한 상태여서, 2050년 정도에는 화학 산업의 중추가 되어 있을 것이다. 이때가 되면, 세계 제일의 화학 기업은 석유화학이 아닌 재생에너지와 바이오 관련 제품들로 포트폴리오가 짜여 있을 것이다. 〈그림 1-6〉은 미래의 산업 패러다임이 어떤 모습인지를 보여 주기 위해 그 시기의 핵심 의제들을 시각화한 것이다.

정보 통신 기술을 비롯한 최근의 기술 혁신은 세상을 점점 더 빠르고 예측하기 어려운 곳으로 만들고 있다. 소비자들의 기호도 빠르게 변하고 있는데, 이런 면이 화학 산업에 미치는 영향

| 그림 1-6 | **화학 산업의 패러다임 변화**

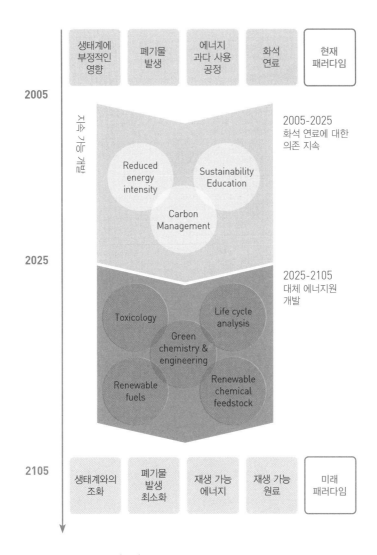

출처: National Research Council(2006), "Sustainability in the Chemical Industry: Grand Challenges and Research Needs", Washington, DC: The National Academies Press.

| 그림 1-7 | **미래의 석유화학 산업과 재생에너지(태양광 발전)**

도 점점 커지고 있다. 화학 산업은 대규모 장치 산업이어서 소비자의 요구 사항을 빠르게 흡수하기 어렵다. 코끼리가 표범처럼 달릴 수 없는 것이다. 그렇지만 이런 한계를 극복해야 경쟁 우위를 지속할 수 있는 시대로 접어들고 있다. 일례로 최근에 핸드폰이나 TV 등은 기존의 LCD 패널에서 OLED로 빠르게 옮겨 가고 있는데, 이런 변화에 신속히 대응하지 못하는 기업들은 시장에서 살아남기 어려울 것이다. 2016년에 발표된 다우 케미컬과 듀퐁의 합병 같은 대규모 인수 합병도 기업 측면에서 본 대응책 중 하나이다. 시장의 요구 사항과 변화를 재빠르게 포착하고 대응

책을 마련해야 하는 상황에서, 마케팅의 역할과 위상은 점점 커지고 있다. 이제까지는 화학 산업의 모습과 특징을 살펴보았다. 다음 장부터는 화학 산업을 위한 B2B 마케팅에 대해 본격적으로 살펴보고자 한다.

2

기업 고객이란 누구인가?

2장

"현대자동차에 들어가는 부품은 한국 연구소에서 검증하고 승인합니다."

"한국 연구소는 검증만 하고, 최종 승인은 미국의 연구소에서 합니다."

"연구소는 검증만 할 뿐이고, 구매 승인은 전략 구매 부서의 업무입니다."

마케팅 책임자가 된 이후에 한국과 일본의 자동차 부품 시장에 신제품을 출시하는 업무를 맡은 적이 있었다. 기본적인 시장 조사를 통해 사업 환경을 파악하고, 핵심 고객과 고객의 사업 환경까지 파악한 후 마케팅 계획을 세심하게 마련했다. 한국에서는 미국에 본사를 둔 다국적 기업이 목표 고객이었는데, 그들이 한국에서 생산하는 자동차 부품에 제품을 공급하는 것이 우리 팀의 목표였다. 고객의 사업 환경에 맞는 가치 제안을 마련하고, 제품 선정에 핵심 역할을 하는 담당자를 찾아 설득하는 것으로 마케팅 활동 계획을 세웠다. 충분히 경쟁력이 있는 제품이어서, 비교적 기대가 큰 계획이었다. 예상대로 초기에는 잘 진행되었고, 고객 담당자의 제품 평가도 매우 좋았다. 그러나 일이 진행되면서 점차 난관에 부딪쳤는데, 가장 큰 어려움은 이 제품의 구매 승인을 결정하는 책임자를 찾지 못한 것이다. 자신이 책임자라고 얘기하는 사람이 위의 대화처럼 한국과 미국에 3명이나 된다. 이런 까닭에 마케팅 활동을 효율적으로 관리하기 어려운 것이었다. 제품은 가까스로 승인을 받았지만, 이러한 교훈은 마케팅 관리자로서의 내 경력에 큰 도움이 되었다.

　　B2B 마케팅 관리자가 상대하는 기업 고객은 구매 절차가 단순하지 않고, 핵심 담당자가 여럿이다. 때로는 위의 사례처럼 기업 고객의 내부 사정을 파악하는 데에도 꽤 많은 시간과 노력이 필요한 경우도 있다. B2C 마케팅과 다른 결정적인 요소이다. 〈표 2-1〉은 수요, 고객, 그리고 구매 승인 절차에 대한 B2C 마케팅과 B2B 마케팅의 차이점을 정리한 것이다. 고객이 다국적 기업이라면, 앞에서 언급한 것과 같이 더욱 복잡한 의사결정 구조를 가질 것이다. 따라서 신제품 개발과 관련된 마케팅 계획을 수립할 때에는 기업 고객의 구매 절차와 담당자의 역할에 대한 이해가 필수적이다. 이 장에서는 B2B 산업의 고객과 고객들의 구매 승인 절차에 대해 살펴본다.

| 표 2-1 | B2B와 B2C 마케팅 비교

B2B 마케팅	구분	B2C 마케팅
• 소수의 구매자 • 고객당 구매 규모가 큼 • 공급자와 지속적인 사업 관계 유지	고객 관점	• 다수의 구매자 • 고객당 구매 규모가 작음 • 공급자와 긴밀도가 낮음
• 최종 사용자 수요에 종속 • 상대적으로 복잡한 수요 구조	수요 관점	• 독립적인 수요가 존재 • 비교적 단순한 수요 구조
• 제품 기술의 복잡성 고려 • 검증된 기술, 합리성 중시 • 복잡한 구매 결정 과정	구매 승인 절차 관점	• 표준화 수준이 높음 • 심리적 요인 중심 • 단순한 구매 결정 과정

구매를 승인하는 담당자는 누구인가?

기업 고객은 의사결정 구조가 복잡하다. 규모가 클수록 더욱 복잡한 구조를 가지고 있다. 따라서 기업 고객의 구매 부서 혹은 기술 개발 부서의 핵심 담당자들과 원만한 관계를 가지고 있다 하더라도, 이에 안심할 수는 없다. 구매 담당자가 있다고 하더라도, 독자적으로 새로운 제품의 구매를 승인하거나 구매를 결정하는 경우는 거의 없다고 봐야 하기 때문이다. 모든 일은 팀에 의해서 조직적으로 의사결정이 이루어진다. 때때로 미숙한 마케팅 관리자의 경우 한두 사람의 긍정적인 평가를 구매 승인 의

| 그림 2-1 | **기업 고객의 구매 센터 구성**

사로 해석해 버리는 실수를 저지르는 것을 보게 된다. 제품 검증 과정에서 우리 신제품에 대해 기술 및 구매 담당자가 긍정적으로 평가했다고 하더라도, 생산 부서에서 제동을 걸면 더 이상 일이 진행되지 않게 된다. 그렇다면 도대체 얼마나 많은 담당자들이 의사결정에 관여하는가? B2C 산업의 고객이 개인 소비자라면, B2B 산업의 기업 고객은 구매 센터(Buying Center)가 그 역할을 담당한다. 구매 센터의 구조는 산업과 기업마다 다르지만, 일반적으로 구매 과정에 영향을 행사하게 되는 담당자들은 〈그림 2-1〉과 같이 구분할 수 있다.

구매 센터는 크게 다섯 부분의 부서 혹은 개인들로 구성되어 서로 정보를 교환하고 의논하면서 구매 결정을 내린다. 각각의 역할은 다음과 같다.

■ 구매 담당자: 구매 부서는 제품의 특성에 따라 혹은 공정에 따라 구성원들에게 구매 업무를 할당한다. 도료 업체의 경우 구매 원료를 수지, 용제, 안료/염료 등으로 구분하고 담당자를 배치한다. 따라서 기업 고객의 구매 담당자들은 전반적인 시장의 가격 상황과 수급 상황에 대해 전문가 수준의 식견을 가지는 경우가 많다. 구매 담당자는 제품의 수급과 가격 협상을 담당하기 때문에, 마케팅 관리자가 가장 자주 만나게 되는 협상 파트너이다.

■ 제품 사용자: 제품을 실제로 사용하는 연구 혹은 생산 부서의 담당자들이다. 이들은 제품 물성 및 품질에 대한 판단을 하며, 제품 전반에 대한 폭넓은 기술 지식을 가지고 있다. 신제품 개발의 경우 이들의 영향력이 가장 크기 때문에 중요한 협상 파트너이다.

■ 최종 승인자: 제품 구매에 대한 최종 승인자는 보통 구매 부서의 임원이거나 제품 사업부의 책임자 등이다. 이들은 거래처 개발과 같은 업무를 하위 담당자들에게 위임하는 경우가 많지만, 전략적인 제품의 경우에는 직접 담당한다. 핸드폰과 같은 제품은 1년에도 수차례 신제품을 발표하기 때문에, 핵심 부품의 개발이 제때 이루어지지 않으면 큰 낭패를 보게 된다. 2015년에 일어난 핸드폰 배터리 화재 사고 등이 대표적인 예이다. 이런 부품의 경우에는

사업부 사장이 직접 관리하기도 한다.

■ 프로세스 관리자: 기업 고객의 내부에는 구매 절차를 관리하는 부서 혹은 담당자가 있을 수 있다. 이들은 기업의 업무를 체계적으로 관리하며 적절한 프로세스를 설계한다. 때로는 구매 센터로 들어오는 정보나 공급자를 통제하고, 구매 절차에 이상이 없는지 감독하는 역할을 하기도 한다.

■ 영향력 행사자: 어느 한 부서나 개인을 특정하는 것은 아니다. 구매 승인과 관련하여 고객 내/외부에 일정한 영향력을 행사하는 사람들이 있다. 예를 들면, 화학제품에 대한 새로운 규제가 발표되면, 해당 제품들은 시장에서 기존 위치를 고수할 수 없다. 반대로, 경쟁 제품들은 좋은 기회를 얻게 되는데, 이 경우 규제 당국이 영향력 행사자가 된다. 화학 산업에서는 흔히 볼 수 있는 일이다. 기업 고객의 내부에도 오랜 기간 친밀한 관계를 쌓아 온 직원이 있을 수 있다. 그들은 당사 제품에 대한 지식이 풍부하고 호감을 가지고 있으므로 구매나 연구 부서에 우호적인 영향력을 행사할 수 있다. 이들을 공급자의 입장에서 '코치(coach)'라고도 부르는데, 마케팅 관리자들은 이와 같은 코치들을 개발하고, 지속적인 네트워킹(networking)을 통해 관리해 나가야 한다.

대부분의 마케팅 활동은 구매 담당자나 제품 사용자들과 협업하여 이루어진다. 그렇다고 해서, 이들의 의사결정 권한이

| 표 2-2 | **기업 고객의 구매 센터 기여도(%)**

구매 프로세스	구매 센터					공급자의 대응
	구매자	관리자	사용자	R&D	승인자	
구매 요청	20		50	30		사전 마케팅 실시, 필요한 정보 제공
명세서 작성	20		30	50		필요 정보 제공, 가치 제안 시도
주문 절차 확정	70	20		10		고객 관계 관리
제안서 요청	80	20				프로젝트 팀 구성, 구매센터 분석과 전략 수립
공급자 평가	20		20	30	30	고객 관계 강화 및 정보 제공
공급자 선정	20		30	30	20	주요 구매 요인 분석, 차별화된 가치 제안 제공
협상 시작	70	20			10	후속 거래를 위한 협상
구매 후 평가			50	40	10	후속 거래를 위한 새로운 사전 마케팅 실시
우선 고려 사항	가격, 납기, 서비스	가격	품질, 물성	기술 혁신 품질	품질, 가격, 기존 관계	

출처: 한상린, 『B2B 마케팅』 21세기북스.

절대적일 것이라고 섣불리 판단해서는 안 된다. 공급자들과 자주 만나 조직의 의사를 대변할 뿐, 실제 의사결정 과정에서는 이들의 영향력이 예상보다 작은 경우를 자주 볼 수 있다. 구매 센터 참가자들의 영향력의 크기는 회사 사정과 산업의 발전 정도에 따라 모두 다르다. 제품의 상대 가치가 크지 않으면, 구매 담당자의 영향력이 클 것이고, 신제품을 개발하는 일이라면 연구부서의 영향력이 우선할 것이다. 따라서 마케팅 관리자는 영업부서와 협력하여 각 산업과 목표 고객들의 구매 센터를 명확히 파악하고 있어야 한다. 특히, 구매 센터 깊숙이 숨어 있는 최종 승인자를 가려내어 이들과의 네트워킹에 투자해야 한다. 그러면 이후 모든 마케팅 활동에 큰 도움이 될 것이다. 〈표 2-2〉는 B2B 산업의 일반적인 예를 나타낸 것이다. 구매 과정에서 각 구성원들의 기여도가 어떻게 변하고 그들의 영향력이 어느 정도인지 측정해 본 것인데, 산업마다 정도의 차이는 있겠지만, 이 표를 참고하여 실제 기업 고객의 구매 센터를 분석하면 큰 도움이 될 것이다.

구매 절차에 대한 이해

기업 고객의 구매 행위(buying behavior)는 크게 3가지로 구분할 수 있다(buy classes model).

■ 단순 재구매(straight rebuy): 기존 제품에 포함되어, 재고 상황에 의해서만 구매 행위가 일어난다. 구매 담당자 혹은 구매 프로그램에 의해 연속적으로 구매가 이루어진다.

■ 수정 재구매(modified rebuy): 같은 제품을 여러 업체가 공급하거나 시장 상황의 변동이 심하면, 신제품이 아니어도 가격 협상이 반복적으로 이루어진다. 이럴 경우 시장 상황을 반영한 구매자와 공급자 간의 협상력에 의해 구매 수량과 가격이 결정된다. 화학 산업은 이런 변동이 비교적 잦은 특성을 가지고 있다.

■ 신규 구매(new buy): 신제품을 개발하거나 기존 제품에 문제가 발생하면, 새로운 원료에 대한 요구가 발생한다. 이때 주어진 기간 동안 구매 센터의 담당자들은 정보와 의견을 교환하면서 새로운 제품의 속성과 가격 그리고 공급자를 결정한다.

이상과 같은 구매 행위를 근거로 일어날 수 있는 구매 상황을 〈표 2-3〉과 같이 구분할 수 있다.

위의 3가지 구매 행위 외에 시험 구매도 자주 이루어진다. 제품에 최종 적용하기 전에 전반적인 성능 시험을 시뮬레이션(simulation)하는데, 이때 핵심 원료를 시험 구매 한다. 대개는 소량의 원료가 필요하므로 공급자들이 무상으로 제공하는 경우가 많은데, 산업에 따라서는 의미 있는 구매 행위가 될 수도 있다.

| 표 2-3 | **기업 고객의 구매 행위**

구매 행위 구매 상황	단순 재구매	수정 재구매	신규 구매
의사결정 시간	단기	중간	장기
의사결정 참여자	구매 담당자	일부의 구매팀	다수의 이해 관계자
공급자 탐색	현재 공급자	현재 공급자	현재/신규 공급자
문제 인식	불필요	일부 사항 고려	명확한 인식 필요
구매 목표	안정적 공급 확보	가격 인하	최적의 해결 방안

여러 구매 행위 중 마케팅 관리자가 가장 관심을 가져야 하는 것은 신규 구매이다. 이때 마케팅 관리자는 고객과의 협업과 거래를 통해 신규 구매를 위한 승인 절차를 관리해야 하며, 고객의 구매 행위가 신규 구매를 거쳐 단순 재구매로 정착되도록 유도해야 한다. 또한, 고객의 시험 구매를 예민하게 관찰하여 현재의 마케팅 활동에 반영해야 한다.

신규 구매의 경우 구매 센터는 〈표 2-4〉과 같은 절차를 거쳐서 최종적으로 제품을 승인하게 된다.

화학 산업의 후방 기업들은 대부분 끊임없이 신제품을 개발하고 있다. 이들의 신제품 개발 일정은 전방 산업에 큰 영향을 미치는데, 일반적으로 개발 담당자들은 새로운 원료에 대해 차

| 표 2-4 | **신규 구매의 제품 승인 절차**

구매 단계	단계별 활동
문제 인식	기업 고객의 일원이 새로운 원료나 서비스를 통해 문제를 해결할 필요가 있을 때 구매 센터에 관련 검토를 요청한다.
필요성 보고서	신제품의 필요성이 확인되면, 구매 담당자는 필요한 원료의 특징과 수량에 대한 보고서를 준비한다.
제품 명세서	보고서를 준비한 후, 원료 사용자는 해당 원료의 기술적인 제품 명세서를 만든다.
공급자 탐색	구매 담당자는 가장 적합한 공급자를 찾기 위해 공급자에 대한 탐색을 시행한다.
공급 제안서 요청	복수의 공급자가 있을 경우, 구매 담당자는 공급자들에게 공급 제안서를 요청하고 이를 검토한다.
공급자 선택	구매 담당자와 사용자의 자료를 바탕으로 구매 센터의 관계자들은 자료를 검토하고 공급자를 선택한다.
주문 명세서	구매 담당자는 선택된 공급자에게 주문 명세서를 보낸다. 이 명세서에는 최종 주문과 필요한 수량, 지불 방법, 원하는 공급 시기, 반품 정책, 품질 보증에 대한 내용 등이 포함된다.
성과 평가	제품 사용 후 일정 시간이 지나면, 선택된 공급자에 대한 성과를 평가하여 이후 과정에 반영한다.

| 그림 2-2 | **구매 센터의 신규 구매 고려 사항**

별화된 제품 속성과 가격을 요구하기 때문이다. 핸드폰처럼 신제품 개발 주기가 짧은 산업의 경우, 18~24개월의 기간 안에 디자인부터 생산까지 마무리된다. 이 기회를 노리는 마케팅 관리자라면, 이 기간 혹은 더 짧은 시간 안에 고객의 입맛에 맞는 가치 제안부터 최종 가격까지 제공해야 한다. 이를 위해서는 각 구매 단계에서 기업 고객이 어떤 내용을 고려하는지 미리 세심하게 살펴보아야 한다. 〈그림 2-2〉는 구매 센터에서 일반적으로 고려하는 내용들을 정리한 것이다.

　　강조하자면, 기업 고객의 구매 고려 사항들은 모두 공급자의 '가치 제안 개발(value proposition development)'의 시작점이 된다. 특히, 경쟁사와의 비교를 통해 우리 제품의 상대 가치와 경쟁 우위의 원천이 무엇인지 파악해야 한다. 이 과정에서 고객들이 현재 혹은 가까운 미래에 어떤 사항의 개선에 중점을 두고 있는지 파악하는 기회가 있을 것이다. 마케팅 관리자의 핵심 역량이다. 이와 관계된 내용들은 다음 여러 장에서 더욱 자세히 살펴볼 것이다.

〈그림 2-3〉은 미국에 본사를 둔 다국적 IT 기업의 실제 구매 절차를 정리한 것이다. IT 산업의 특성으로 인해 기업 고객들은 매년 새로운 제품을 시장에 출시해야 한다는 압박이 대단히 심하다. 따라서 이 일정에 맞추어 새로운 원료를 찾고 공급처와 협업하는 프로세스가 잘 갖추어져 있다. 즉, 이 기업은 항시적으로 새로운 대안 제품의 탐색 작업을 하고 있는 것이다. 대안 제품의 탐색과 관련 정보 수집은 원료 검증 부서에서 전담 관리자를 지정해 쉬지 않고 진행한다. 이 과정에서 주목할 만한 기술이나 원료들은 고객 내부의 시스템을 통해 수집되고 단계를 거쳐 검증된다. 이후의 과정은 다른 산업과 비슷하다. 내부적으로 검증된 재료나 부품은 전사적으로 공유되며, 신제품을 개발하는 부서에서 우선적으로 적용을 검토한다. 검토 과정에서 긍정적인 결과가 도출되면, 공급자들과 본격적인 협상을 시작한다. 고객의 내부에서 검증되는 과정이 공급자에게 자세히 전달되지 않을 때가 많다는 점은 주의할 사항이다. 고객과의 관계 형성과 관리에 계속 투자하여 이에 대한 적절한 정보를 수집해야 한다. 또한, 우리의 기술 개발 부서에서도 계속해서 고객의 검증 절차를 시뮬레이션해야 한다. 고객 검증에 대한 충분한 정보가 없으면 우리 제품의 상대 가치를 수치화하기 어렵고, 결과적으로 협상력

| 그림 2-3 | **IT 기업의 신규 구매 선정 프로세스**

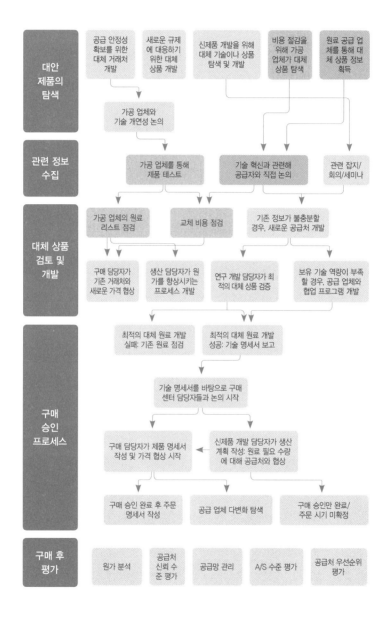

에 큰 손해를 보게 된다. 항상 주목해야 하는 부분이다. 구매 후 평가 작업도 소홀히 하지 말아야 한다. 대부분의 기업 고객은 항시적으로 원료 탐색 활동을 실행하고 있기 때문에, 구매 승인까지 잘 관리해서 성공적인 결과를 얻었음에도 이후 고객의 수요를 경쟁 업체에게 뺏기는 상황이 나타날 수 있다.

핵심 고객을 효율적으로 관리하는 방법

〈표 2-1〉에서 보듯, B2B 산업의 공급자는 공급 사슬에서 중간에 위치하기 때문에, 후방 산업에 있는 기업 고객과의 사업적 관계에 의해 비즈니스가 이루어지는 경우가 대부분이다. 한번 맺은 사업 관계는 비교적 오래 지속되기 때문에, B2B 산업에서 적절한 고객 관계 관리(customer relationship management)는 기업의 영업 관리자뿐 아니라, 마케팅 관리자에게도 매우 중요한 활동 영역이다.

　　대부분의 B2B 산업은 목표 고객이 특정되어 있다. 다시 말해, 마케팅 관리자는 소수의 고객을 목표로 마케팅 활동을 설계하는 경우가 많다. 자동차 내장재용 플라스틱을 개발하는 업체는 많지만, 이 내장재에 대한 구매를 승인하는 완성차 회사는 전 세계적으로도 손에 꼽을 만큼 적다. 따라서 목표 고객과의 관계 설정과 관리는 마케팅 활동의 지속성을 가능하게 해주는 기초가 된다. 경쟁이 심하지 않은 산업에서는 고객 관계 관리가 영업과 마케팅의 핵심이라고까지 말하는 경우도 있다. 전통적으로 화학 산업도 여기에 해당되었지만, 현재는 경쟁의 강도가 점점 심해지고 있어서, 기존 고객 관리만으로 매출 성장을 이루어내기는 어렵다. 고객 관리가 더 이상 영업만의 영역이 아닌, 매출 확대를 위한 마케팅의 영역이 되어야 하는 이유이다.

공급자가 기술 개발 역량에 경쟁 우위를 확보하고 있다면, 고객과의 협업에 있어서 유리한 입장을 취하게 될 것이다. 경쟁사보다 원가 경쟁력이 떨어지는 다른 상황이라면, 공급 협상에서 매우 불리한 위치에 놓이게 된다. 이처럼, 고객의 중점 사항과 나의 경쟁 우위에 따라 고객과의 관계는 여러 형태를 보일 수 있다. 또한 이런 관계는 고정되어 있지 않고, 상황에 따라 얼마든지 달라질 수 있다. 평소에는 만나 주지도 않던 고객이 어느 날 연락해서 점심 같이 하자고 해도 놀라거나 의아해할 일은 아닌 것이다.

고객 관계 관리는 상호 의존성이 높은 산업에서 거래 당사자 모두에게 이익이 되는 사업 관계를 이루어내고 유지하는 활동을 종합하여 일컫는 말이다. 이미 언급했듯이, B2B 산업에서 기업의 경쟁 우위를 구성하는 주요한 요소이다.

화학 산업은 대표적인 포트폴리오 사업이다. 하나의 공급 업체가 다양한 제품을 구비하여 공급하는 경우가 일반적이다. 따라서 고객과의 관계는 개별 제품보다 전사적인 차원에서 살펴봐야 한다. 고객과의 관계 유형은 〈그림 2-4〉와 같이 구분될 수 있다.

| 그림 2-4 | **고객 관계 유형**

익명의 고객 /
시스템에 의한 구매 행위

전략적 파트너십 /
협업에 의한 제품 개발

```
┌─────────────┐   ┌─────────────┐   ┌─────────────┐
│  일반 상품   │   │  상호 의존적  │   │    협업     │
│  거래 관계   │   │    관계     │   │    관계     │
└─────────────┘   └─────────────┘   └─────────────┘
```

- 일반 상품 거래와 유사
- 비전략적 / 비우호적 관계
- 다수의 공급자와 구매자
- 가격 민감도가 매우 큼

- 협업 관계 증대
- 상호 의존성이 일부 인정
- 소수의 공급자와 구매자
- 가격 외에 정보 교환, 공급망 관리, 품질 안정 등의 요구 증가

- 협업 관계 극대화
- 상호 의존성 증가
- 소수의 공급자와 구매자
- 기술 개발 능력, 시장 공동 개발 등의 요구 증가

출처: Day, G.S., "Managing marketing relationship", *Journal of Academy of Marketing Science* vol. 28.

고객들과의 관계를 파악하고 구분하고자 하는 이유는 그에 따라 마케팅 자원을 적절하게 배치하기 위함이다. 특히 신제품을 개발하는 경우에는 조기에 목표 고객을 설정하여 협업 관계를 수립하는 것이 매우 중요하다. 이때 기존의 사업 관계가 중요한 고려 사항이 될 수 있다.

화학 산업은 진입 장벽이 높아서 일단 형성된 고객과의 관계는 안정적으로 유지될 가능성이 높다. 그러나 최근에 경쟁이 심해지면서 이런 전통적인 산업 구조도 큰 변화를 맞이하고 있다. 일반적으로 경쟁 제품이 많아지면, 고객의 선택지가 넓어지

| 그림 2-5 | **고객에 따른 누적 이익률 곡선**

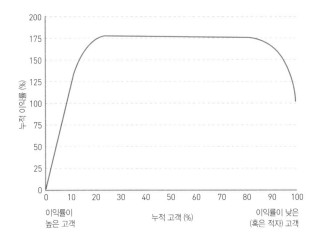

출처: Shapiro B.P.(1987), "Manage customers for profits", *Harvard Business Review.*

고 그 결과로 협상력이 커지게 된다. 따라서 고객의 협상력에 따라 공급처의 이익률에 큰 차이를 보이게 된다.

〈그림 2-5〉는 고래등 곡선(whale curve)이라 불리는 그림으로 하나의 산업 혹은 제품에는 소수의 고객들이 이익의 절대 다수를 차지하고, 이익에 기여가 없는 고객들과 오히려 이익을 깎아 내리는 고객들도 함께 있다는 것을 보여준다. 마케팅 관리자들은 고객들과의 누적 거래를 바탕으로 이와 같은 곡선을 정기적으로 확인해야 한다. 어떤 고객과의 거래에서 계속 이익률이 떨어진다면, 우리의 가치 제안이나 고객의 요구 사항 등에 뭔가

문제가 있는 것이다. 이를 정기적으로 분석하여 기존 고객들과의 거래 관계를 재정립하고, 핵심 고객들에게 더 많은 마케팅 자원을 할당해야 한다.

주의할 것은 최적의 고객 관계를 실행하는 과정에서 영업 부서와 마찰이 있을 수 있다는 것이다. 일반적으로 영업 부서는 이익률 대신 매출과 기존 거래 관계에 더 비중을 두는 경향이 있기 때문이다. 물론, 일시적으로 이익률이 떨어지는 고객들도 다른 제품이나 출시를 앞둔 신제품에게는 훌륭한 잠재 고객이 될수 있다. 따라서 하나의 변수로만 고객과의 관계를 정의하지 말고, 최적의 조합을 찾아야 한다. 이 과정에서 영업 부서와의 협업은 필수적이다. 장기적으로 이익률이 높은 고객과의 거래 관계에 마케팅 자원을 집중하는 방향으로 정립해 나가면 될 것이다.

고객들을 거래 이익률과 공급 비용에 따라 구분하면, 각 고객 그룹들의 구매 특성을 엿볼 수 있다. 〈그림 2-6〉에서 고객들은 일반적으로 왼쪽 위에서부터 오른쪽 아랫부분으로 위치하게 되는데, 간단하지만 고객들의 시장 지배력과 협상력에 대한 상당히 신빙성 있는 결과를 보여준다. 마케팅 활동을 계획하기 위한 유용한 자료이고, 7장에서 다시 보겠지만, 판매망을 설계하는 활동에도 중요한 시사점을 준다.

다시 한 번 강조하면, 화학 산업의 마케팅 활동은 거래에 대한 이익률을 강조하는 방향으로 바뀌고 있다. 전통적으로 구매 수량이 큰 고객에 마케팅 자원을 집중적으로 배치하던 방식에 비하면 변화가 크다고 할 수 있다. 만약, 대량 구매 고객이 이익

| 그림 2-6 | **고객 포트폴리오 관리**

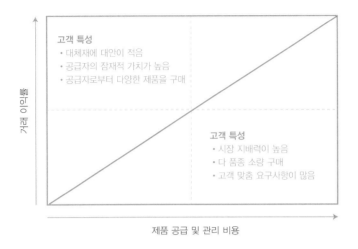

제품 공급 및 관리 비용

출처: Shapiro B.P.(1987), "Manage customers for profits", *Harvard Business Review.*

률에 기여하는 바도 크다면, 마케팅 전담 부서를 구성하여 집중
적으로 관리할 필요가 있다. 이런 고객의 경우 미래 사업 기회를
포착하는 데에도 큰 도움이 된다.

　지금까지 고객들에 대한 분석과 관계 유형을 살펴보았다.
마케팅 관리자는 일정한 시간 간격을 두고 분석 자료를 재점검
해야 한다. 고객과의 관리가 예상보다 역동적이라면, 아까운 마
케팅 자원을 비효율적으로 사용하게 될 수도 있기 때문이다. 분
석 자료를 바탕으로 고객 관리에 대한 목표가 결정되면, 그에 해
당하는 관리 방법을 조정해야 한다. 대표적인 내용들을 〈표 2-5〉

| 표 2-5 | **고객 관리 중점 사항 및 방법**

	목표 활동	관리 방법
핵심 고객 확보	• 현재 (잠재) 가치가 높은 고객(그룹) 선정 • 고객 구매량 / 제품 비중, 서비스 의존도 조사	• 고객별 매출 / 비용 조사 • 고객 포트폴리오 작성 • 핵심 고객과의 의사 소통 채널 분석 / 선정
효과적인 가치 제안	• 고객(군)에 최적화된 수준의 가치 제안 탐색 • 경쟁상의 가치 제안 수준과 비교 • 새로운 가치 제안의 필요성/효율성에 따라 조정	• 누적 거래 자료를 활용해 고객 만족도 분석 • 공급망에 대한 만족도 분석 • 새로운 가격 모델 수립
프로세스 개선	• 가장 효율적인 프로세스 탐색 • 부족한 부분을 보충하기 위한 제안서 작성	• 거래 비용을 낮추기 위한 전산화 작업 • 원활한 의사 소통과 정보 공급을 위해 전담 인력 배치 • 거래 및 공급 상황 실시간 공유
내부 직원 교육	• 고객 관리를 위한 내부 시스템 구축 • 효율적인 교육 훈련 • 고객 만족도를 직원 평가에 반영	• 고객 만족도를 위한 설문 조사 • 고객 관리의 사례 연구
관계 유지 방법	• 고객 구매 행동에 대한 연구 활동 강화 • 핵심 고객에 대한 가치 제안 수준 향상 • 고객 관리 전략 수립	• 핵심 고객에 대한 가치 제안 수준을 향상시키기 위해 임원 배치 • 거래 중지 고객에 대한 분석

출처: Rigby, D.K.(2002), "Avoid the four perils of CRM", *Harvard Business Review*.

에 정리하였다. 기존 제품의 이익률 재고에 초점을 맞추는 마케팅 관리자라면, 고객과의 관계를 재정립하고 마케팅 집중 고객을 바꿔보는 시도가 도움이 될 수 있다.

3

시장 조사,
어떻게 할 것인가?

3장

"다음주 A제품 아시아 영업 회의에 참석해 줄 수 있어요?"

"이번 가을 컨퍼런스 준비 회의에 계속 참석해 주면 좋겠는데……."

마케팅 일을 하다 보면, 회사 내의 각종 회의에 참석해 달라는 요청을 많이 받게 된다. 내 업무와 크게 관련 없는 경우도 많아서, 요청한 이유를 물어보면, 마케팅 관리자들이 시장에 대해 가장 잘 알기 때문이라고 답하는 경우가 많다. 기업의 모든 일은 궁극적으로 시장 상황과 관계가 있으니, 지금 당장은 업무 연관성이 없더라도 서로 논의하면 도움이 될 것이라는 기대가 있다는 것이다. 여기에 마케팅 관리자의 첫 번째 역량이 나타난다. 일반적으로 마케팅 관리자는 관련 시장에 대한 지식과 통찰을 요구받는 것이다. 화학 산업에서, 시장은 멀리서 볼 때에는 큰 변화 없이 정지해 있는 것 같지만, 가까이서 보면 매일매일이 새로운 흥미로운 대상이다. 최근에는 멀리서 봐도 변화가 제법 심해서 이를 파악하기가 점점 까다로워지고 있다. 이런 시장 상황을 포괄적으로 파악하는 것은 마케팅 전략 수립의 가장 기초적인 활동이며, 시장에 대한 체계적인 조사(market search)와 정보 관리(information management)를 통한 통찰력(insight)은 마케팅 관리자의 핵심 역량이다.

시장 조사와 정보 관리에 대한 활동을 살펴보기 전에, 마케팅 전략이 전체적으로 어떤 형식을 가지고 있고, 다른 부서들과의 협업은 언제 필요한지 알아두면 도움이 될 것이다. 9장에서 더 자세히 다루겠지만, 마케팅의 개별 활동에 대한 이해를 돕기 위해 여기서도 일부 내용을 간추려 본다.

B2B 마케팅은 일반적으로 〈그림 3-1〉과 같은 활동들로 나누어 볼 수 있다. 규모가 큰 기업이라면 각 활동을 전담하는 관리자가 있을 것이고, 그렇지 않으면 한 관리자가 여러 활동들을 동시에 관리할 것이다. 기업에 따라서는 이 활동들이 마케팅이 아닌 다른 부서의 업무일 수도 있을 것이다. 그러나 새로운 수요 창출이라는 마케팅의 고유 임무를 생각하면, 〈그림 3-1〉의 활동들은 서로 유기적으로 연결되어 관리되는 것이 바람직하다. 이와 같은 활동들은 그 자체로 하나의 전략적 접근이 요구되며, 핵심 역량을 확보하기까지 길고 어려운 단계를 지나야 한다. 3장부터 9장까지는 이런 활동들을 살펴보는 과정이 될 것이다. 일단, 마케팅 전략 수립에 대한 사항부터 간단히 살펴본 후 개별 활동들에 대한 내용에 들어가 보도록 한다.

| 그림 3-1 | B2B 마케팅의 7가지 핵심 활동

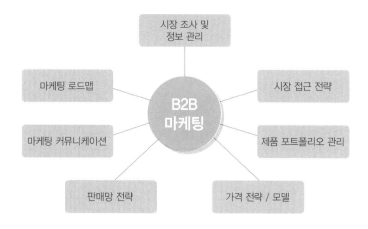

마케팅 전략 수립 프로세스

마케팅에 대한 정의는 매우 다양하다. 그만큼 마케팅 업무는 포괄적이고 산업과 산업 내에서의 위치에 따라 활동 내용도 많이 다르다. 그렇지만 산업과 관계없이 B2B 마케팅에서 항상 거론되는 공통점이 몇 가지 있는데, 이 공통점들이 B2B 마케팅의 핵심 사항이라고 할 수 있을 것이다. 정리해 보면 이렇다. 마케팅은 1) 고객 집단의 우선순위를 구분하고 그들의 요구를 파악하며, 2) 차별화된 제품(및 서비스)을 설계하고, 3) 고객의 요구 사항에 부합하는 가치를 제안하며, 4) 제품을 통한 자사의 이익을 극대화하는 일련의 활동이다. 이렇게 정리해 보면, 마케팅은 거의 모든

| 그림 3-2 | **마케팅 전략 수립을 위한 내부 협업 사항**

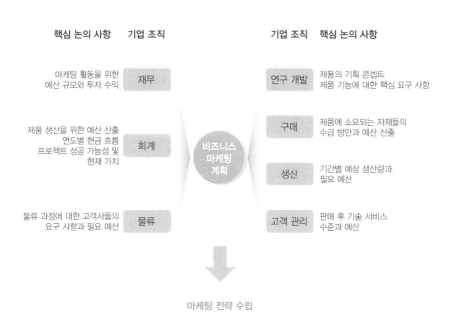

핵심 논의 사항　　기업 조직　　　　　　기업 조직　　핵심 논의 사항

마케팅 활동을 위한
예산 규모와 투자 수익　　　재무

제품 생산을 위한 예산 산출
연도별 현금 흐름
프로젝트 성공 가능성 및
현재 가치　　　　　　　회계

물류 과정에 대한 고객사들의
요구 사항과 필요 예산　　물류

비즈니스
마케팅
계획

연구 개발　　제품의 기획 콘셉트
　　　　　　제품 기능에 대한 핵심 요구 사항

구매　　　제품에 소요되는 자재들의
　　　　　수급 방안과 예산 산출

생산　　　기간별 예상 생산량과
　　　　　필요 예산

고객 관리　판매 후 기술 서비스
　　　　　수준과 예산

마케팅 전략 수립

출처: Hutt and Speh, *Business marketing management*, South-Western.

기업의 업무와 밀접하게 연결될 수밖에 없다. 〈그림 3-2〉는 마케
팅 계획 수립을 위해서는 기업 내의 여러 조직들과 다양하게 의
견을 나누고 협업해야 한다는 것을 보여준다. 세계적으로 유명
한 화학 기업의 마케팅 책임자들을 만나보면, 현재의 자리에 오
기까지 그들이 다양한 부서에서 경험을 쌓았다는 것을 알게 된
다. 이것은 마케팅 관리자라면 기본적으로 내부의 조직 구조와

업무 연관성에 대해 깊이 이해하고 있어야 한다는 것을 의미하며, 이를 바탕으로 마케팅 전략과 활동을 핵심 관계자들에게 설득할 수 있어야 한다는 것이다. 화학 산업은 자본 투자 비율이 높고 프로젝트의 완성을 위해 비교적 긴 시간이 필요한 만큼, 여러 마케팅 활동에 대한 예산과 재무 성과를 명확하게 보여줄 수 있어야 한다. 더 자세한 내용은 5장에서 살펴보기로 한다.

대부분의 마케팅 자료들은 마케팅 전략 프로세스를 화살표와 선을 가지고 선형적으로 표시한다. 마치 전략 수립 과정에서 모든 활동들이 나름의 순서를 가지고 있는 것처럼 말하고 있는 것 같다. 결론부터 얘기하면, 전혀 그렇지 않다. 경쟁이 치열해지고 시장 변화가 빨라지면서, 마케팅 활동들 사이의 연관성도 매우 역동적으로 변하고 있다. 독자의 이해를 쉽게 하기 위해 이 책에서도 기존의 방식을 따라 시각화하였지만, 실제 업무는 그렇지 않다는 것을 강조하고 싶다.

〈그림 3-3〉은 마케팅 전략을 수립하기 위한 여러 활동들과 실행들을 시각화한 것이다. 복잡해 보일 수 있지만, 마케팅 관리자라면 항상 이런 큰 그림을 머릿속에 새겨두고 개별 활동들을 설계하고 평가해야 한다. 다시 한 번 강조할 것은 최근의 마케팅 업무는 시간의 순서에 맞게 선형적으로 진행되지 않는다는 것이다. 특히, 신제품에 대한 마케팅 전략을 수립할 경우, 개별 마케팅 활동들의 상호 연관성이 훨씬 더 높다는 점을 꼭 염두에 두어야 한다.

〈그림 3-3〉에서 보듯, 시장 조사 및 분석은 우리의 현재 위

| 그림 3-3 | B2B 마케팅 전략 수립 프로세스

기업의 목표와 미션

시장 조사 및 분석

- 시장 및 기술 동향 파악
- 고객 요구 사항
- 접근 가능 시장
- 시장 매력도 및 경쟁 구도 파악
- 자사의 역량 분석
- 협력이 가능한 파트너 분석

우리의 현재(혹은 미래) 역량에 비추어 접근 가능한 시장은 어디인가?

시장 선택

고객 구매 절차에 대한 이해 ▶ 목표 시장 우선순위 선정 ◀ 시장 세분화 및 개별 고객사 선정

마케팅 자원을 집중적으로 투입할 세분 시장과 고객사는 누구인가?

마케팅 믹스

- 제품 및 서비스 수준
- 제품 공급 채널
- 가격 정책
- 시장 커뮤니케이션
- 영업 전략

무엇을 팔 것인가?

어떤 경로로 제품을 전달할 것인가?

어떻게 고객사에게 차별화된 가치를 인식시킬 것인가?

고객사와 관계를 어떻게 유지 개선시킬 것인가?

고객 개발

가치 인식
▼
호감도 상승 및 제품 테스트
▼
구매 절차 수립

▶

고객 충성도 상승 및 관계 유지

매출 및 투자 대비 수익

치와 시장의 변화 추세를 연결 짓는 활동이다. 기업 활동은 무엇보다 효율성이 최우선 가치인데, 현재 어디에 있는지 그리고 어디로 가야 하는지를 모르면, 아무리 좋은 차가 있더라도 다른 차에 뒤처지게 될 것이다. 따라서 이에 대한 정보를 수집하고 체계적으로 분석하는 일들은 마케팅 활동의 가장 기초가 된다.

B2B 산업에서 마케팅 활동은 탐정의 역할과 유사하다. 세밀하고 지속적인 관찰과 분석을 통해 작은 정보에서 큰 그림을 유추해 내야 하기 때문이다. 마케팅의 역할이 확대되면서, 마치 자신이 사상가인 것처럼 근사한 말들만 떠벌이고 다니는 마케팅 관리자들을 많이 보게 된다. 마케팅 활동은 이와 같은 고담준론과는 별 관계가 없다. 지위 고하를 막론하고, 시장에 대해 끊임없이 관찰하고, 다양한 방법으로 분석하는 것만이 마케팅 업무의 핵심이라는 것을 강조하고 싶다. 아무리 과거 경력이 화려하더라도, 시장에 대한 관심을 조금만 늦추면, 쉽게 통찰력을 잃어버리게 된다.

시장 조사 활동 프로세스

그렇다면 시장에 대한 어떤 정보를 알아야 하고, 어떻게 변화를 파악해야 할까? 화학 시장을 보면, 예전에는 변화가 심하지 않으니 그때그때의 상황만 보완하면 된다는 것이 일반적이었다. 틀린 말은 아닐 수 있으나, 지금도 같은 관점을 가지고 시장을 바라보면 조금 곤란하다. 예전보다 훨씬 더 역동적이기 때문에 이런 인식은 시장에 대한 관점을 왜곡시킬 수 있기 때문이다. 화학 마케팅 분야에서 오랜 경험을 쌓은 전문가들이 시장을 잘못 읽는 경우가 많은데, 이처럼 기존의 관습에 지나치게 의존하는 것도 한 이유이다.

시장은 매우 다양한 모습을 가지고 있기 때문에 하나의 렌즈로 모든 중요한 정보를 수집할 수는 없다. 시장의 모습을 파악하는 전통적인 방법은 모든 마케팅 관련 책에서 볼 수 있는 3C와 STEEP라는 것이다.

■ 3C: 자사(company), 고객(customer), 경쟁사(competitor)에 대한 정보 수집.

■ STEEP: 사회 환경(society), 기술(technology), 환경(environment), 거시 경제(economy), 정치 상황(politics)에 대한 종합적인 정보 수집.

이 방법들은 모두 거시적인 틀을 제공하고 있고, 여전히 매우 유용하다. 이에 대한 자세한 내용들은 이미 많이 나와 있기 때문에, 이 책에서 다루지는 않겠다. 대신 조금 더 실질적인 접근을 위해 화학 산업의 후방(downsream) 시장과 관련된 핵심 정보들을 〈그림 3-4〉에 분류해 놓았다.

〈그림 3-4〉에서 보듯, 시장 동향은 참여 시장의 역동성에

| 그림 3-4 | **핵심 시장 정보 분류**

대한 것과 경쟁 상황으로 나누어 볼 수 있다. 시장의 역동성은 시장과 고객의 변화를 측정하여 얻을 수 있고, 경쟁 상황은 제품과 경쟁사의 움직임을 관찰해야 한다. 어떤 정보는 간단하게 파악되지만, 대부분은 긴 시간 동안 꾸준히 정보를 수집해야 전체 모습을 볼 수 있다. 또한 후방 산업의 변화가 가져오는 영향도 클 수 있으므로, 후방 산업을 같이 관찰해야만 전체 그림을 볼 수 있다. 한국의 배터리 업체들이 최근에 전기차 수요 확대에 대응하기 위해 적극적으로 투자하고 있는데, 이런 의사결정은 후방 산업인 전기차 시장에 대한 면밀한 검토가 있어야 가능한 것이다.

| 그림 3-5 | **시장 조사 프로세스**

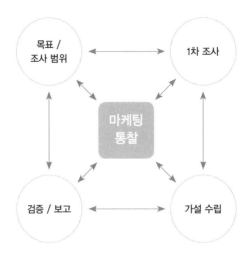

출처: Maxwell, J., Qualitative Research Design, Sage.

　　마케팅 프로세스는 연속적인 작업이므로, 기존에 조사한 시장 정보들이 있으면 주기를 결정하여 변화 추이를 조사하는 것만으로 시장의 동향 파악이 가능하다. 그러나 새로운 정보가 필요해서 처음부터 조사해야 하는 상황이라면, 조사 방법부터 선택해야 한다. 어떤 방법으로 조사해야 할까? 〈그림 3-5〉는 사회 과학 분야에서 사용하는 조사 방법론을 마케팅 활동에 맞게 변형한 것이다. 기존의 선형적인 조사 설계는 활동을 일렬로 정립하기 때문에 조사 시간이 많이 걸린다는 단점이 있다. 그에 비해 〈그림 3-5〉처럼 가설의 수립과 검증 과정을 최대한 활용하는 방식은 시장의 역동성을 빠른 시간 내에 포착할 수 있다는 이점이 있다.

〈그림 3-5〉에서 보듯이 시장에 대한 통찰력을 얻으려면 여러 활동들이 설계되어야 한다. 모든 활동들은 서로 밀접하게 연관되어 있어서, 조사 중간에 다른 변수가 생겨도 수정 및 보완이 가능하다. 조금 더 살펴보면, 우선 파악하고자 하는 정보의 수준과 조사 범위를 결정해야 한다. 다른 부서 관계자들과 미리 협의하여 조율하면 이후의 혼란을 줄일 수 있으니 적극적으로 토론하는 것이 바람직하다. 목표와 조사 범위가 결정되면, 인터넷 검색을 통해 1차 조사를 진행한다. 최근에는 온라인에서 수집하는 정보만으로도 조사가 충분히 이루어지는 경우도 많은데, 그렇게 되면 1차 조사만으로 목표를 달성하게 될 것이다. 1차 조사의 핵심은 최대한 신속하게 정보를 수집하여 시장 상황에 대한 가설을 수립하는 것이다. 가설은 간단하게 표현하면, 핵심 변수들 간의 인과관계라고 표현할 수 있다. 예를 들어, 전기차 시장의 국가별 성장률을 분석해 보고 싶다면, 1차 조사를 통해 국가별 지원 수준, 탄소 배출의 규제 정도, 인프라 구축 비용 등이 핵심 변수라는 것을 알게 된다. 그렇다면 이와 같은 변수들이 성장률에 미치는 영향이 어느 정도인지 예측을 해보고 거기에 맞게 가설을 세우면 된다. 가설이 수립되면, 시장 관계자와 전문가들을 통해 검증한다. 많은 사람으로부터 정보를 모으려 할 필요는 없다. 그런 방법이 바람직할 때도 있지만, 핵심 시장 정보는 대부분 소수의 전문가들끼리만 공유되게 마련이다. 따라서 전문가들과의 인터뷰나 미팅(focus group interview)을 통해 검증하는 것이 더 효율적이다. 유능한 마케팅 관리자들이 핵심 전문가들과의 네트

워크를 구축하고 관리하는 일에 투자를 많이 하는 이유가 여기에 있다. 가설 검증이 끝나면, 파악된 시장 정보가 원래의 목표에 부합되는지 검토하고, 보고서를 작성하여 담당자들과 공유한다. 이러면 하나의 과정이 끝나게 된다. 처음에는 서툴게 마련이지만, 곧 다른 방법보다 훨씬 효율적이라는 것을 알게 될 것이다. 강조하고 싶은 것은, 이 과정의 핵심은 신속하고 유연하다는 것이다. 하나의 과정이 끝나면 다른 과정으로 넘어가는 것이 아니고, 모든 단계는 상호 보완적이어야 한다.

시장 환경 분석

시장에 대한 정보를 충분히 확보했다고 판단하면, 이제 목표 시장의 전체적인 환경과 역동성을 분석할 차례이다. 여러 분석 방법들이 있지만, 화학 산업 분석에 적당한 몇 가지 방법을 살펴보려 한다. 주의할 점은 분석 틀은 유용한 정보를 해석하기 쉽게 재정립하는 도구의 하나일 뿐이라는 것이다. 마케팅 책임자들의 격언 중에, 'Garbage In, Garbage Out(GIGO)'이라는 표현이 있는데, 시장에 대한 정보가 충분치 않거나 정확하지 않을 경우, 분석 방법이 아무리 좋다 해도 결론은 큰 의미를 가지기 어렵다. 더욱이 이와 같은 엉터리 분석에 기초하여 마케팅 전략을 세우면, 관련 프로젝트 전체의 리스크가 커지게 되므로 항상 주의할 필요가 있다.

화학 산업의 환경 분석과 관련하여 가장 많이 사용하는 분석 틀은 마이클 포터(Michael E. Porter)가 제안한 산업 구조 분석과 스탠포드(Stanford Univ.) 연구소가 개발한 SWOT 분석이다. 모두 거시적인 시장 환경을 분석하는 방법인데, 화학과 같은 B2B 산업에 더욱 유용하다. 두 방법 모두 기업에 적용된 지 매우 오래되어 마케팅 회의에서 낡은 방법으로 무시되는 일이 가끔 있는데, 제대로만 사용하면 이만큼 효율적인 방법도 없다.

시장 구조 분석 (Industry Structure Analysis)

1980년 마이클 포터는 그의 저서 『경쟁 전략(Competitive Advantage)』에서 산업의 구조적 매력도와 핵심 성공 요소를 파악하기 위해 5가지 사항을 파악할 것을 주장하였고, 이 요소들을 'Five Force'라고 칭하였다. 기업을 두고 생산자와 구매자의 협상력을 분석하는 기존의 개념을 확대하여 경쟁의 강도, 대체재, 그리고 진입 장벽을 분석 틀에 도입한 것이다.

신규 진입자의 위협(Threat of New Entrant)

모든 산업은 일정한 진입 장벽(entry barrier)을 가지고 있다.

| 그림 3-6 | **산업 구조 분석**

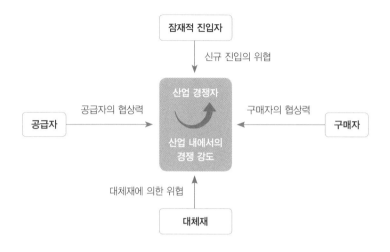

새롭게 해당 산업에 진입하려면, 이 장벽의 강도를 이해하고 극복할 수 있는 전략을 수립해야 한다. 기존 사업자 입장에서는 장벽을 높여야만 이익률을 유리하게 조정할 수 있으므로, 치열한 경쟁이 불가피하다. 화학 산업에서의 대표적인 진입 장벽은 다음과 같다.

■ 규모의 경제(economies of scale): 화학 산업은 기본적으로 대량 생산 시스템(mass production system)이다. 기존 공급자가 충분한 생산 능력을 가지고 있는 데 비해 신규 진입자는 진입 초기부터 이와 같은 생산 능력을 확보하기 어렵다. 따라서 기존 사업자들이

| 그림 1-3 | 마이클 포터와 그의 기념비적인 저서 『경쟁 전략』

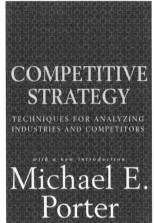

구축해 놓은 대량 생산 시스템과 그에 따른 원가 절감 구조는 넘기 어려운 진입 장벽이 되어 왔다. 석유화학 시장에서 신규 사업자를 보기 어려운 원인이다.

■ 브랜드 로열티(brand royalty): 신규 사업자의 진입이 쉽지 않다보니, 기업 고객들은 기존 업체의 제품과 서비스에 대한 의존도가높아지게 된다. 화학 산업에서는 '교체 비용(switching cost)'에 대한 위험도가 비교적 높아서 어쩔 수 없이 기존 제품을 계속 사용하는 경우도 많다(7장에서 자세히 다룰 것이다).

■ 정부 규제(government regulation): 화학 산업은 환경오염과 폐기물 등을 유발할 수 있기 때문에, 정부의 규제를 많이 받게 된다. 최근에 미국 정부가 파리기후협약에서 탈퇴하여 자국의 기존 사업 환경을 유지시킨 것처럼, 정부의 정책은 기존 사업자들에게 유리하게 적용되는 경우가 많은데, 이 점도 무시할 수 없는 진입 장벽이다.

기존 기업 간의 경쟁(Rivalry of Incumbent)

독점적 시장 환경이 아닌 한, 모든 산업 내에서 기업 간의 경쟁은 불가피하다. 이와 같은 산업 내의 경쟁 구조, 공급 능력 확대, 퇴출 장벽 등을 파악하는 것이 두 번째 요소이다.

■ 경쟁 구조: 산업 참여자의 수가 많을수록 경쟁은 치열하고 이익률은 낮아질 것이다. 경쟁 기업들의 밀집도(intensity)에 따라 '분산 산업'과 '집중 산업'으로 구분하기도 하는데, 화학 산업은 대부분 집중되어 있는 경우가 많다. 한국 공정거래위원회에서는 '3사 집중도 지표(3 Firms Concentration)'라는 것을 발표하는데, 산업 내 상위 3개 기업의 시장 점유율을 조사하여 독과점 상황을 파악하려는 의도에서 만든 것이다. 시장 분석할 때 이 부분도 참고하면 도움이 될 것이다.

■ 공급 능력 확대: 화학 산업에서 시장 수요는 일정하게 성장하는 데 비해 기업의 생산 능력은 계단처럼 확대되는 경우가 많다. 생산 시설을 점증적으로 증가시킬 수 없기 때문인데, 이럴 경우 어떤 시점에서는 공급이 지나치게 확대되어 경쟁이 심해질 수 있다. 따라서 경쟁 기업들의 증설 계획을 면밀히 분석해야 한다.

■ 퇴출 장벽: 산업에서 어떤 기업이 사업을 그만두려고 할 때 이를 방해하는 장벽을 의미한다. 퇴출 장벽이 문제가 되는 것은 수요가 줄어드는 순간이다. 수요가 줄거나 정체될 때, 퇴출 장벽이 높으면 해당 산업에서 이탈할 수가 없어 과잉 공급 문제가 발생하고, 이를 해결하기 위해 치열한 가격 경쟁이 벌어지게 된다. 화학 제품의 가격이 큰 폭으로 움직이는 주요 원인이기도 하다. 때로는 다른 산업과의 시너지가 많아서 전략적으로 유지해야만 하는 경우도 있다. 한국은 대기업 집단이 수직적으로 통합되어 있는데, 화학 계열사의 이익이 작더라도 전자 계열사의 경쟁력을 유지하기 위해 경쟁력이 낮더라도 유지하는 경우가 이런 예에 해당된다.

구매자의 협상력(Bargaining Power of Buyer)

구매력(buying power)이라고도 하는데, 다음과 같은 요소들이 구매자의 협상력을 결정한다.

- 제품 차별화: 공급자들의 가치 제안에 차별화가 커지면 구매자는 가격에 덜 민감하게 된다.

- 구매 수량이 많을수록 구매자의 협상력은 상승한다.

- 구매자의 교체 비용이 낮고 공급자가 많을 때, 구매자의 협상력이 높아진다.

- 구매자가 공급자의 제품, 가격, 비용 구조 등에 대한 정보가 많을수록 유리하다.

- 구매자가 수직 통합 능력이 있으면, 협상력이 크게 증가한다.

공급자의 협상력(Bargaining Power of Supplier)

화학 산업의 공급 사슬을 보면, 모든 기업들은 원료를 공급자에게 받아서 제품을 가공한 후 기업 고객에게 공급하는 구조이다. 따라서 원료를 공급하는 기업이 누구이고 그들의 협상력은 어느 정도인지 파악하는 것도 매우 중요하다. 공급자의 협상력은 구매자의 협상력과는 반대의 상황으로 이해하면 거의 틀림없다.

대체재의 위협(Threat of Substituent)

산업 내에 강력한 대체재가 있다면 구매자의 협상력이 높아져서 공급자의 수익성이 낮아지거나 대체되어 소멸되기도 한다. 폴리카보네이트는 20년 넘게 식품 용기 시장에서 절대적인 위치를 차지하였는데, 친환경성을 앞세운 폴리에스터에 의해 빠르게 대체되었다. 화학 산업에서 이런 변화는 기술의 혁신에 의한 경우가 많다. 마케팅 관리자들이 기술의 변화에 항상 관심을 가져야 하는 이유이며, 대부분의 마케팅 관리자들이 연구 개발 경력을 가지고 있는 배경이기도 하다.

산업 구조 분석법은 하나의 산업에서 나타날 수 있는 최대한의 역학 관계를 표현하고 있다는 점에서 여전히 유효하다. 시장 경쟁 상황이 치열해지고 복잡해지면서 점점 더 중요해지고 있다. 여기에 몇 가지 요소를 더해 7-forces나 9-forces로 확대하여 사용하기도 한다. 다만 이와 같은 경쟁의 역학 관계가 하나의 시점을 기준으로 하기 때문에 산업의 과거와 미래의 역동성을 충분히 반영하지 못한다는 단점이 있다. 이 부분을 항상 주의할 필요가 있다.

SWOT 분석

SWOT 분석에서 기업의 외부 환경은 앞에서 언급한 시장

| 그림 3-8 | SWOT 분석을 설명하는 브루스 헨더슨과 SWOT 분석 매트릭스

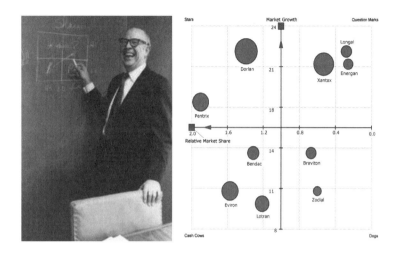

조사를 통해 파악할 수 있다. 그러나 내부 역량 분석은 생각만큼 쉽지 않은데, 내부 역량은 절대적인 것이 아닌 경쟁 기업들의 역량에 대한 상대적 평가이기 때문이다. 즉, '우리는 무엇을 잘한다'가 아닌, '우리는 산업 평균 혹은 최대 경쟁 기업보다 이런 점을 얼마만큼 더 잘한다'라고 특정되어야 전략 수립에 의미가 있다. 여기에 대한 객관적인 지표를 찾기 어려울 경우, 어느 한 기업(유력 경쟁자 혹은 최대 시장 점유율 기업)을 기준으로 상대 평가해 보는 것이 훨씬 효율적인 방법이 될 것이다.

위에서 살펴본 분석틀은 비교적 오래전에 확립되어 경시되

| 그림 3-9 | SWOT 분석

외부 환경 분석 | 내부 환경 분석

기회 요인 ⟷ 상대적 강점

위협 요인 ⟷ 상대적 약점

전략 수립

| 그림 3-10 | SWOT 분석의 핵심 요소

	외부 환경 분석	내부 역량 분석
우호적인 요인	기회 요인 • 높은 경제 성장률 • 새로운 시장 등장 • 수요의 급속한 증가 • 새로운 기술 혁신 등장 • 경쟁 기업의 부진 • 새로운 고객 집단 출현 • 유리한 정책, 법규, 규제 • 낮은 진입 장벽	상대적 강점 • 유리한 시장 점유율 • 높은 생산성 • 독창적 기술 • 높은 직무 만족도 • 규모의 경제 • 안정적인 공급 채널 • 신제품 개발 능력 • 자금 조달 능력
비우호적인 요인	위협 요인 • 시장 성장률 둔화 • 경기 침체 • 새로운 경쟁 기업 출현 • 무역 규제 • 불리한 정책, 법규, 제도 • 대체상품 개발 • 구매자, 공급자의 협상력 증대	상대적 약점 • 협소한 제품 포트폴리오 • 낙후된 설비 • 수익성 악화 • 불리한 생산 시설 입지 • 브랜드 이미지 약화 • 연구 개발 역량 부족 • 종업원의 고령화

는 경향도 있다. 너무 고전적이어서 새로운 통찰을 주지 못하거
나 다른 기업들도 모두 수행하고 있다는 것이다. 틀린 말은 아니
지만, 이 분석 틀들을 원래 목적에 따라 잘 사용하는 경우도 그
렇게 많지 않다. 기본적인 분석이라고 해서 소홀히 하면, 시장에
대한 깊은 통찰력이 아닌, 듣기는 좋지만 어설픈 지식만 쌓여 갈
수 있다.

4

시장 접근 전략

"현재 개발하고 있는 제품에 대한 평가가 좋으니, 전자와 자동차 시장에 같이 적용하는 것을 검토해 보게."

"사업부 부사장이 새로 왔는데, 제품 적용 범위를 확대해서 예상 매출을 늘려 잡도록 해봐."

어느 조직에서나 많이 듣는 말들이다. 사업부 책임자의 입장에서 실적 평가를 잘 받고 싶은 부분도 있을 수 있어서, 이런 요구를 마케팅 관리자에게 한다고 하여도 그렇게 비판받을 일들도 아니다. 다만, 마케팅 관리자라면 보고서는 위의 요청대로 하더라도, 실제 계획은 훨씬 세밀하고 명확하게 짜야 한다. 우리 (신)제품을 어느 시장에서 어떤 고객들에게 제안해야 경쟁 우위를 가질 수 있는지 분명하게 특정할 수 있어야 한다.

시장 접근 전략(go-to-market strategy)은 차 안의 내비게이터(navigator)와 기능적 효용이 거의 비슷하다고 할 수 있다. 도로 상황(사업 환경)은 하루에도 매시간 변화한다. 현재의 도로 상황에서 내가 원하는 목적지에 가고자 할 때 선택할 수 있는 최적의 도로는 어디인가? 내비게이터는 몇 초 안에 그 답을 보여주지만, 마케팅 관리자는 시간과 노력을 아낌 없이 투자해야 최적의 경로를 찾을 수 있다. 고려해야 할 변수가 훨씬 많고, 정보의 정확성이 떨어지기 때문이다. 앞 장의 시장 조사와 분석으로 현재 혹은 미래의 도로 상황(시장 환경)을 파악했다면, 이 장에서는 현재의 위치와 목적지를 살펴볼 것이다. 이 내용들을 유기적으로 연결하면, 목적지에 도달하기 위한 최적의 경로가 특정될 것이다.

"세분화에 대해 고려하지 않는다면, 아무 고려도 없는 것이다."
(If you're not thinking segments, you're not thinking.)

마케팅 근시(marketing myopia)라는 일침으로 유명한 테오 레빗(Theodore Levitt) 교수의 말이다. 시장 세분화의 중요성을 강조한 표현이다. 초점이 없는 마케팅 계획의 허점을 지적한 것이어서, 마케팅 관련 교육을 할 때, 항상 첫 머리에 사용하는 말이다. 그렇다면 왜 시장을 세분화하여 마케팅 전략을 설계해야 하는가? 여러 이유가 있겠지만, 근본적으로는 마케팅 자원에 제약이 있기 때문이다. 우리는 정해진 시간 안에 지도상의 어느 지점에 도착해야 한다. 만약, 어느 마케팅 관리자가 무한대의 자원을 사용할 수 있다면, 시장 세분화 전략을 구상할 필요가 없을 것이다. 돌아다니다 보면, 언젠가는 최적의 지점을 찾을 것이다. 그러나 실제 업무에서 가용할 예산과 인력은 매우 제한적이기 때문에, 마케팅 대상은 시장의 전체가 아닌 가능성이 높은 일부만을 목표로 두는 것이다.

그렇다고 해서, 마케팅 원론의 고객 세분화 전략이 곧 시장 접근 전략인 것은 아니다. 최소한 이 책에서는 다른 개념으로 사용할 것이다. 큰 차이점이 있기 때문이다. 화학 산업의 생산자와 최종 구매 승인을 하는 기업 고객은 직접적인 거래 관계가 아닐 때가 많다. 화학제품은 원료, 부품, 조립, 완제품 등의 단계별 공급 사슬에 어느 지점에 위치하는데, 이 공급 사슬의 역학 관계와 협상력을 파악하여 최적의 경로를 탐색하는 것이 시장 접근 전략이다. 고객 세분화는 최종 목표 고객을 탐색하는 과정으로, 목표 지점은 정확하게 알려 주지만, 어느 경로를 따라가야 하는지 알려 주는 것은 아니다.

마케팅 활동과 관련하여 전통적인 STP(segmentation, targeting, promotion) 전략을 고수하는 경우가 있는데, 잘못된 것은 아니지만, B2B 마케팅에 적용하기에는 너무 단순한 접근 방법인 경우가 많다. 그러면 어떻게 해야 최적의 시장 접근 경로를 탐색할 수 있는지 살펴보기로 한다.

시장 접근 전략의 핵심 요소는 무엇인가?

시장 접근 전략(go-to-market, GTM)은 신제품 개발 전략과 연관이 깊다. 이미 출시된 제품도 새로운 시장이나 고객 개발의 기회를 탐색할 때, 시장 접근 전략부터 시작하는 것이 효율적이다. B2B 마케팅 전략을 크게 '경쟁 장소(where to play)'와 '경쟁 우위 확보(how to win)'로 나누어 설명하기도 하는데, 이 관점에서 보면 시장 접근 전략은 경쟁 장소를 특정하는 활동이라고 할 수 있다. 물론, 가장 좋은 전략은 경쟁이 없는 곳을 찾아내는 것이겠지만(Blue Ocean 전략), 대부분의 B2B 산업은 역사가 오래되어 이런 접근은 지나치게 이상적인 경향이 있다.

시장 접근 전략은 신제품 개발 단계에서 최종 목표 고객을 특정하기 위해 고안되었다. 최근에 범위가 많이 확대되어 마케팅 전체의 활동을 포함하기도 하는데, 이 책에서는 원래의 의미를 중심으로 살펴보려 한다.

〈그림 4-1〉은 신제품 기획에서부터 목표 고객 그룹에 접근하기 위해 어떤 길을 따라가야 하는지 보여주는 시장 접근 전략의 사례이다. 그림에서 우선 확인할 것은 우리의 위치(신제품 기획)에서 목표 지점(고객 그룹) 사이에는 다양한 경로가 있다는 것이다. 따라서 마케팅 관리자는 시장 분석과 제품 기획을 통해 어느 길을 따라야 가장 유리한 위치를 선점할 수 있는지 분석하고 명확히 지정해야 한다. 앞서 말했듯, 목표 지점만을 선정하는 STP 전략과 다른 점이다. 종합해 보면, B2B 마케팅 관리자는 〈그

| 그림 4-1 | 시장 접근 전략 예시

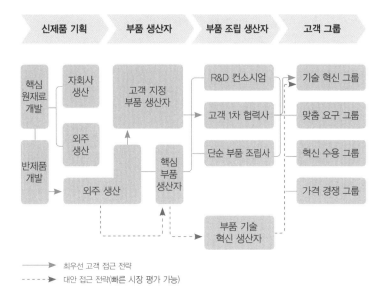

림 4-1〉처럼 목표 고객 그룹에 도달하기 위한 경로 세분화(path segmentation) 활동을 고객 세분화(customer segmentation)와 같이 실시해야 한다. 시장 접근 전략을 설계하는 첫 단계는 목표 지점을 지정하는 것이다. 시장 세분화와 목표 고객 선정에 대해 먼저 살펴본다.

시장 세분화와 목표 고객 선정

세분화를 통한 목표 고객 선정은 가장 고전적인 마케팅 방법론 중의 하나이다. 일부 공기업을 제외하면, 모든 기업은 고객 집단을 특성에 맞게 나누어 마케팅 계획을 설계한다. 모든 고객을 만족시키는 제품이 있을 리도 없고, 그렇다 하더라도 가용한 마케팅 자원이 매우 한정적이기 때문이다. 세탁기의 세제를 생산하는 기업이라면, 고객 집단을 연령, 소비 수준, 지역, 세탁기 종류 등에 따라 구분하여 제품을 맞추어 나갈 것이다. 마트에서 볼 수 있는 다양한 종류의 세제들은 실질적으로 같은 기술적 효용을 제공하지만 모두 다른 메시지와 가격을 가지게 되는 것이다. 고객들을 나누어 다른 방법으로 접근하고 있는 것이다. 소비자들도 가격과 기호에 따라 선호하는 브랜드가 각각 다를 것이다. 이처럼, 소비자와 생산자 사이의 관계에는 치열한 세분화 전략이 숨어 있다.

　고객 집단을 적당한 기준으로 분류하여 관리하는 것은 B2B 기업에게는 더욱 의미가 크다. 소비재와 달리 산업재는 고객 확보를 위해 들여야 할 노력과 비용이 훨씬 크기 때문이다. 〈그림 4-2〉는 엔지니어링 플라스틱(engineering plastic)의 한 종류인 폴리카보네이트의 핵심 시장을 표현한 것이다. 그림에서 보는 것처럼 이 제품은 다양한 후방 산업의 고객들과 사업 관계를 맺고 있고, 현재도 끊임없이 새로운 시장과 고객을 개발하고 있다. 폴리카보네이트 마케팅 관리자라면 어떤 시장이 자사에 더 매력적

| 그림 4-2 | **폴리카보네이트의 후방 산업**

광미디어
- 초저점도
- 광디스크(CD/DVD)

전기 전자
- 저점도
- 계량기, 배전반 하우징
- 플러그, 콘센트

의료용 / 렌즈
- 저점도
- 의료용 주사기
- 렌즈용

폴리카보네이트
Polycarbonate

자동차
- 중점도
- 헤드램프, 리어램프

주방 / 잡화
- 저점도
- 식품용기 / 주방용품
- 전자렌지용 부품

토목 건축
- 고점도
- 소음 차단막
- 건축 지붕

출처: 롯데케미칼 (내용 일부 수정)

이고, 향후에 마케팅 자원을 집중해야 하는지 결정하고 실행해야 한다. 신제품을 출시하는 프로젝트의 경우는 이런 작업이 특히 중요하다.

〈그림 4-2〉처럼 접근 가능한 후방 산업이 다양하고, 각 산업 마다 여러 고객 그룹이 존재한다면(대부분의 화학제품이 그렇다), 어느 시장의 어떤 고객에게 우리의 마케팅 활동을 집중해야 하는가? 지금 개발하고 있는 제품의 속성을 가장 잘 받아들일 수 있는 시장과 고객은 누구인가? 막연하지만, 세분화 작업의 가장 중요한 질문이다.

이에 대한 활동을 구체적으로 설계하기 위해서는 세분화 기준을 정하는 작업부터 시행해야 한다. 수없이 많은 기준 중에서 가장 합리적인 몇 가지를 선정하고, 그 기준에 맞추어 시장을 여러 개로 분류하여 특성을 파악하는 것이다(segmentation). 분류한 세분 시장에서 자사의 능력과 경쟁 우위 요소를 분석하여 성공 확률이 높은 목표 시장을 특정한다(targeting). 물론, 말처럼 간단하지는 않다. 시장에 대한 세밀한 분석과 통찰력이 필수적이다. 마케팅 관리자의 핵심 역량을 측정하는 기준에 대한 질문을 받을 때가 있다. 여러 가지가 있지만, 확실한 목표 지점을 합리적인 방법으로 찾아내는 것이 가장 우선적인 역량이라 할 수 있다.

신제품을 출시하는 경우에는, 목표 지점이 더 단순하고 명확해야 한다. 지나칠 정도로 단순화하는 것이 오히려 더 효율적일 수 있다. 도입부의 사례처럼 이쪽 저쪽 시장을 모두 기웃거리는 전략보다는 훨씬 성공 확률이 높을 것이다.

그럼, 세분화 작업은 어떤 방법으로 실행하는 것이 효율적인가? 〈그림 4-3〉에 세분화 과정을 정리해 보았다.

시장 조사와 분석을 통해 충분한 통찰력을 얻었다고 가정하면, 시장을 어떻게 나누는 것이 좋을지 선택할 수 있다. 한번에 최적의 결과를 얻을 수는 없으니, 여러 변수를 가지고 반복하는 것이 좋다. 세분화 변수를 고르는 것도 흥미로운 일인데, 화학 산업에서 자주 사용하는 변수들은 조금 후에 설명하겠다(〈그림 4-4〉). 시장을 몇 개로 쪼개고 우선순위를 정했다 하더라도, 그것이 최종 목표 지점이 아닌 경우가 많다. 일반적

| 그림 4-3 | **세분화 프로세스와 핵심 고려 사항**

시장 조사 및 고객 탐색	세분화 변수 선정	목표 고객 우선순위	세분 시장 평가 및 포지셔닝
고객 특성 변수	**세분화 변수**	**세분화 시행**	**세분시장 규모** **성장률**
• 기업 조직 특성 • 기업 연혁 • 기술 혁신 역량 • 시장 지배력	• 제품 개발(개선) 전략 • 기업 매출 • 종업원 규모 • 매출 성장률	• 1차 세분화(산업별) • 2차 세분화(고객별) **고객 구매 특성**	**경쟁 강도** • 산업 구조 분석
구매 센터	• 투자 규모 • 시장 점유율	• 공급처 신뢰 수준 • 거래 비용	**사업 목표 및 역량**
• 구조적 특성 • 구매 승인 절차 • 권한 위임 수준 • 구매 승인 기간 • 공급처 평가 기준	• 시장 평판 • 기술 혁신 빈도 • 신상품 출시 기간 • 제품 포트폴리오 변화	• 구매 센터 안정성 • 기밀 유지 수준 **예상 매출/이익 규모**	**최적의 가치 제안** **마케팅 믹스**
핵심 기업 담당자		**고객의 시장 지배력**	
• 개인적인 동기 • 축적된 사업 관계 • 코치 유무			

으로 세분 시장 안에는 여러 고객들이 있고, 그들의 구매 행위가 제각각 다를 수 있기 때문이다. 목표 지점은 단순할수록 좋으니, 세분 시장 안의 고객들도 접근 우선순위를 결정해야 한다. 만약, 한 고객이 세계 여러 지역에서 활발히 사업하고, 생산 기지도 여러 곳이라면, 한 고객 내의 생산 기지에 대한 우선순위도 정해 볼 필요가 있다. 신제품 개발이라면, 이 정도의 수준까지 목표 지점을 구체화할 것을 권장한다. 신제품 개발 프로젝트에 할당된 한정된 자원과 시간 때문에, 일단 출발하고 도중에 목표 지점을 결정하려는 시도가 많은데, 최소한 목표 지점에 대한 명확한 방향은 확인하고 출발해야 한다. 이렇게 하는 것이 더 빠르다.

　기존 제품을 관리하는 마케팅 담당자라면 〈그림 4-3〉의 세분화 변수를 정기적으로 변경해 가면서 자사의 이익률 등을 시뮬레이션해 보는 것이 바람직하다. 충분한 시뮬레이션 후에 현재의 마케팅 자원을 재조정해도 그렇게 늦지 않을 것이다.

　그럼, 화학 산업에 있어서 가장 적절한 시장 세분화 변수들은 무엇일까? 〈그림 4-3〉에서 보이는 변수들도 매우 중요한 것들이지만, 화학 산업의 특성에 잘 맞는 변수가 따로 있지 않을까? 세분화 변수는 수백 가지도 넘는데, 그 모든 것을 고려해 전략을 짤 수는 없다. 초기 투자비가 높고, 제품 개발 시간이 길다는 화학 산업의 특성을 감안한다면 더욱 그렇다. 화학 산업에서 많이 사용하는 세분화 변수들은 〈그림 4-4〉와 같이 정리할 수 있다. 가장 큰 관점에서 고려해 볼 사항은 접근 가능한 시장의

| 그림 4-4 | **시장 세분화의 핵심 변수**

세분화 변수	세분화 기준

① 충분히 매력적인 시장인가?

A 현재의 시장 매력도는?

진입 가능 시장 규모	산업 성장률
핵심 요구 사항	산업 평균 이익률

B 미래의 시장 매력도는?

경쟁 강도	잠재적 대체재 위협
고객의 협상력	대체재의 위협
공급자의 협상력	보완재 유무
제품 혁신 속도	시장 진입 시기

② 우리의 성공 가능성은 얼마인가?

C 현재 필요한 역량은?

역량 평가 및 필요 역량 확보 계획

D 개발해야 할 역량은?

기술 역량 로드맵	투자 규모
고객과의 관계 개선	

출처: Eastman Chemical(내용 일부 수정)

매력도(attractiveness)와 성공 가능성(feasibility)이다.

만약 우리가 폴리카보네이트를 대체하는 상품의 마케팅 계획을 수립하고 있다면 어떻게 될까? 시장 조사를 해보면, 현재 폴리카보네이트는 〈그림 4-2〉와 같은 여러 후방 산업이 있다. 물론 각 시장의 상황은 모두 다를 것이다. 충분한 자금과 인력이 있다면 모든 시장에 접근해서 마케팅 전략을 구상해 볼 수 있다. 그러나 이런 경우는 거의 없다. 그렇다면 우선 어떤 시장이 현재 혹은 미래에 가장 매력적인지 파악해 보는 것이 필요하다. 현재의 매력도는 최근 5년의 시장 성장률, 평균 이익률, 전체 매출 규모 등의 자료로 파악해 볼 수 있다. 만약 시장 진입 시기를 향후 1년 혹은 그 후로 예상한다면 현재의 매력도뿐만 아니라 미래의 상황도 예상해 봐야 한다. 미래의 매력도는 경쟁 강도와 같은 산업 구조 분석 틀(3장에서 설명)이 매우 유용하다. 화학 산업은 전자와 자동차 산업과 같이 규모가 크고 제품 혁신 속도가 빠른 산업들과 밀접하게 연결되어 있다. 따라서 최근의 자료를 분석하여 후방 산업의 혁신 속도를 미리 측정해 보는 것도 매우 중요하다.

시장의 매력도에 대한 파악이 어느 정도 완료되면, 해당 시장이 가지고 있는 기술적 효용에 대한 요구 사항과 자사의 역량으로 분석해 볼 수 있다. 이를 통해 우리 제품의 성공 가능성을 미리 분석해 볼 수 있게 된다. 〈그림 4-2〉에서 보듯, 각 시장이 원하는 제품의 점도가 정해져 있는데, 이런 기술적 요구 사항을 맞추지 못하면 해당 시장의 우선순위를 낮춰야 할 것이다. 시장의 요구 사항을 조사해 보면, 대체 상품의 기대치가 대단히 높은 경우가 있다. 대체 상품은 기존 제품으로 현재의 문제를 해결할 수 없을 때 찾게 되는 것이니 당연한 것일 수도 있다. 이럴 경우 핵심 고객들은 몇 년에 걸쳐 점증적인 성능 개선을 꾀하게 되는데, 이 계획에 맞추어 자사의 기술 개발 로드맵도 작성해 보는 것이 바람직하다(5장에서 자세히 살펴볼 것이다). 또한, 진출하려는 시장에 기존 사업 관계가 있는 고객이 있다면 매우 유리한 교두보를 확보한 셈이다. 그렇지 않다면, 고객과의 관계를 형성하는 일부터 시작해야 하는데, 화학 산업의 경우 시간이 많이 걸리게 된다. 미리 측정해 볼 필요가 있다.

이 변수들을 중심으로 시장의 매력도와 성공 가능성을 측정하면 각 시장별로 현재 혹은 미래의 모습을 그려 볼 수 있다. 각 세분화 기준을 다 적용해 볼 수도 있고(가급적이면 모두 고려해 보길 권한다), 그중 일부만을 취사 선택해서 측정해 볼 수도 있을 것이다. 대부분의 경우 세분화 작업이 잘 이루어지면, 다음 과정인 목표 시장 선정과 가치 제안 수립에 큰 도움이 된다.

1차 작업으로 접근 가능한 시장에 대한 분류가 이루어져서 시장 접근에 대한 우선순위가 결정되면, 해당 시장의 고객들에 대한 세분화 작업을 추가적으로 실시해야 한다. 에너지 관련 산업을 제외하면, 각 시장에는 매우 다양한 고객들이 존재하는데, 이들의 구매 행위와 동기에 대한 분류도 필요하다. 고객에 대한 세분화 작업도 예외적인 경우가 아니라면, 〈그림 4-4〉의 기준을 사용하는 것이 효율적이다.

〈그림 4-5〉는 이와 같은 일련의 작업에 대한 사례이다. 위쪽의 그림은 접근 가능한 시장(addressable market)들을 성장률과 진입 장벽이라는 기준을 선정해서 분류한 것이다. 이때, 원의 크기는 해당 시장의 매출 규모를 의미한다. 이와 같은 분류에 의하면 세분 시장 D는 매출 규모가 큰 데 반해 진입 장벽이 높고, 세분 시장 C는 매출 규모는 작지만 성장률이 높다. 다른 세분 시장의 상대적 위치도 파악이 가능하다. 이와 같은 상황에서 어떤 세분 시장에 우선 접근할 것인지 선택해야 하는데, 이 프로젝트의 경우 매출 성장이 가장 중요한 목표이므로 세분 시장 C를 목표 시장으로 선정했다. 세분 시장 C의 기업 고객들을 다시 평균 성장률과 기존 사업 관계를 기준으로 분류하여 아래쪽의 그림과 같은 결과를 얻었다. 이때, 원의 크기는 역시 각 고객 그룹의 매출 규모를 나타낸다. 만약 신속한 제품 검증과 출시가 우리의 목표라면, 어떤 고객 그룹에 먼저 접근해야 하는가? 일단, 기존 사업 관계가 튼튼한 그룹 E의 고객들에게 마케팅 초점을 맞추는 것이 효율적일 것이다. 비록 매출 규모가 크지 않고, 성장률도 낮아서 큰 기대를 하기 어렵지만, 기존 사업 관계를 지렛대로 삼아 신속한 고객 검증을 기대해 볼 수 있다. 다른 기준으로 미래 매출 확대가 최우선 목표라면 어느 고객 그룹이 적당할까? 3년 이내의 매출 상승이 목표라면? 이렇게 목표에 따라 여러 관점이 생기고 접근 우선순위를 정할 수 있다. 〈그림 4-5〉는 하나의 예이지만, 여러 변수를 추려내어 이와 같은 방법을 반복해 보면, 최적의 시장 세분화와 목표 시장에 대한 아이디어를 도출할 수

| 그림 4-5 | **시장 세분화 사례**

있을 것이다.

경쟁 강도가 높은 시장이지만, 고객이 기술 혁신에 대해 민감하다면, 〈그림 4-6〉처럼 경쟁 제품과 고객들의 구매 특성을 분석하여 신제품을 기획할 수도 있다. 위쪽의 도표는 경쟁 제품들의 강도가 같다는 가정하에 두께와 가격의 상대적인 위치를 시각화한 것이다. 이를 일반적으로 포지셔닝 지도(positioning map)라고 한다. 그림처럼 경쟁 제품 모두가 고객의 물성 기준을 만족시키는 경우에도 특성과 가격에 대한 상대적인 위치가 다른 경우가 많다. 이 지도를 보면, 점선으로 표현한 위치에 적당한 제품이 없다는 것을 알 수 있는데, 가치 제안을 설계할 때, 중요한 힌트가 될 수 있다. 기술적인 역량이 있다면, 우리의 위치가 될 수 있는 것이다.

아래쪽 그림은 한 IT 제품에 대한 기업 고객들의 상대적인 위치를 표현하고 있다. 소비자들의 인식에 따라 기업 고객들의 상대적인 위치가 다른데, 이 상대적인 위치는 고객들의 구매 행위를 결정하기도 한다. 예를 들면, 디자인 리더로서 고가의 브랜드를 차지하고 있는 S사는 상대적으로 원료 가격보다는 특성과 품질 안정성에 초점을 맞추는 경향이 있고, 저가 브랜드의 A사는 가격에 매우 민감할 것이다. 목표 고객의 선정과 가치 제안 설계에 큰 도움이 될 수 있으니, 마케팅 관리자들은 여러 방법으로 지도를 그려볼 필요가 있다(기업 고객의 구매 동기와 행위에 대한 내용은 제프리 무어(Geoffrey A. Moore)의 저서 『Crossing the chasm』을 참고하면 도움이 될 것이다).

| 그림 4-6 | **포지셔닝 지도 사례**

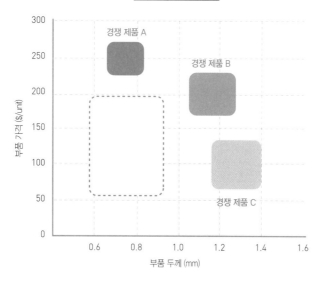

제품 특성에 의한 분류

기업 고객의 시장 위치에 의한 분류

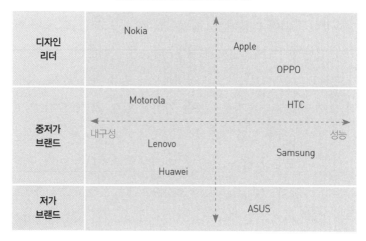

출처: LabReport(2013, 자료 일부 수정)

경로 세분화와 우리 제품의 위치

목표 지점이 특정되었다면, 경로를 결정해야 한다. 이를 위한 첫 번째 활동은 목표 시장의 공급 사슬(supply chain)을 분석하는 것이다. 공급 사슬 분석은 세분 시장의 구조 분석 과정에 포함되어 진행하는 것이 바람직한데, 후방 산업의 규모가 클수록 범위가 넓어지기 때문에 범위를 최대한 좁혀서 바라볼 필요가 있다.

공급 사슬이 복잡할 경우 세분 시장 선점의 과정처럼 몇 단계로 나누어 진행해 볼 수 있다. 〈그림 4-7〉은 개인용 컴퓨터 산업의 공급 사슬을 큰 관점에서 분석한 것이다. 이 작업을 통해 목표 고객에 접근하기 위해 어떤 공급자들과 협력해야 하는지 파악할 수 있고, 가치 사슬 내에서 협상력에 우위를 가지고 있는 공급자가 누구인지 특정할 수 있다. 예를 들어, 우리의 제품이 일반 부품에 속한다면, 기술 혁신보다는 가격이나 생산 능력 등에 더 중점을 두어서 공급 경로를 선택해야 할 것이다.

전체 산업 구조에서 우리 제품의 위치가 파악되었으면, 그 경로 안에 있는 기업들을 특정해야 한다. 이 과정은 세분 시장에서 목표 고객을 선정하는 과정과 유사하기 때문에 구체적인 것은 이 부분을 참고하기 바란다. 다만, 강조할 것은 경로 세분화 작업은 기업 간의 관계에서 파악해야 하므로, 이들 사이의 역학 관계에 대한 탐색이 우선되어야 한다는 것이다. 우리 제품이 컴퓨터의 핵심 부품인 중앙 처리 장치(CPU)에 공급하는 것이 목적이면, HP나 델(Dell)과 같은 컴퓨터 제작사보다 인텔(Intel)과 같

| 그림 4-7 | **공급 사슬 분석 사례**(개인용 컴퓨터 산업 구조 분석)

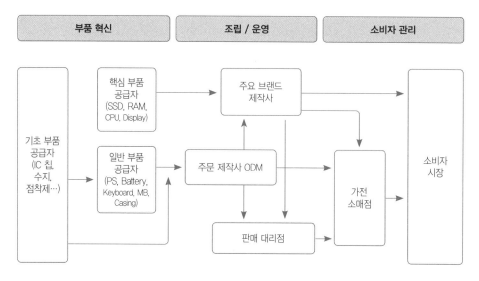

출처: Center for strategic supply research(2006).

은 독점적인 공급자와의 사업 관계 확립을 우선해야 한다. 구매 승인에 대한 인텔의 영향력이 절대적이기 때문이다. OLED와 같은 새로운 디스플레이를 위한 원료라면? 분석해 봐야겠지만, HP의 영향력이 LG Display보다 클 수도 있다. HP 입장에서도 소비자에게 제안하는 새로운 기능적 효용이고, 마케팅 커뮤니케이션의 중요한 부분이 될 수 있기 때문이다. 앞의 두 사례에서 보듯 우리의 위치와 가치 제안, 산업 내의 역학 관계에 따라 구매 승인 과정이 달라진다. 마케팅 관리자는 이 부분을 꼭 염두에 두어야 한다. 산업이 아직 성숙되지 않아 표준화를 위해 여러 혁신이 경쟁하고 있다면, 관련 컨소시엄(consortium)을 선택하여 서로 협력하는 것도 고려해 볼 만하다.

　　다시 〈그림 4-1〉로 돌아가면, 그림 속에는 서로 다른 두 경로가 있다는 것을 알 수 있다. 그런데, 이 두 경로의 최종 목적지는 기술 혁신 고객 그룹으로 동일하다. 사업부의 목표와 경쟁 상황에 따라 이렇게 서로 다른 접근 전략을 선택해야 할 때도 있다. 그러나 이런 경우에도 어느 경로가 우선적이고, 대안적인 것인지 선정해야 한다. 마케팅 자원을 최대한 집중해서 활용해야 하기 때문이다. 생각해 보면, 마케팅 전략은 대부분 이와 비슷하다. 접근 가능한 방안을 탐색하고, 최적의 방안을 선택하는 것이다. 강조하고 싶은 것은 시장 접근 전략에 포함된 선택은 마케팅 관리자의 고유 임무라는 것이다. 다른 관리자들과 최대한 협의하되, 최종 선택을 양보하지는 말아야 한다.

5

제품 포트폴리오 전략

5장

"신제품이 나올 때나 한번 방문해 주세요."

"우리 팀의 개발 로드맵인데, 여기에 맞추어서 제품 개발이 가능한가요?"

화학 산업의 고객들은 정말 부지런하다. 끊임없이 신제품을 개발하고, 거기에 맞는 원료를 탐색한다. 덕분에 화학 기업의 마케팅 관리자들은 언제나 정신없이 바쁠 수밖에 없다. 고객들이 전 세계에 걸쳐 있기 때문에, 역시 전 세계를 돌아다니며 기술 동향과 제품 개발 계획 등을 탐문하는데, 핵심 고객으로부터 위와 같은 말들을 듣게 되는 경우가 있다. 한동안은 전 세계 모든 고객들의 반응이 비슷해서 그들 사이에 공통 매뉴얼이 있는 것이 아닌가 의심할 때도 있었다. 하기는, 모든 원료 회사들이 미팅을 요청할 테니, 기업의 마케팅 관리자들을 만나는 것이 반가운 일만은 아닐 것이다. 거절하기 미안하면, 오히려 어려운 과제를 요청한다. 본인들의 개발 로드맵에 우리의 신제품 일정을 맞추라는 것이다. 안 되는 줄 뻔히 알면서 말이다.

화학 산업은 대표적인 포트폴리오 산업이다. 하나의 제품만으로 시장에서 경쟁 우위를 확보하기는 매우 어렵다. 시장과 고객의 요구 사항은 계속 변화하기 마련이어서 이에 대응하는 제품의 수도 자연히 많아지게 된다. 시간이 지나면서 효용성이 없어지거나 경쟁력이 떨어지는 제품은 퇴출되기도 하고, 미국에서는 경쟁력이 없던 제품이 중국에서는 새롭게 경쟁력을 갖기도 한다. 이처럼 많은 제품의 경쟁력을 분석하고 최적의 조합을 찾아 자원을 분배하는 것을 제품 포트폴리오 관리(product portfolio management)라고 한다. 기업의 규모가 크고 관리할 제품의 수가 많으면, 제품 관리 전담 부서에서 집중적으로 관리하기도 하지만, 이 활동 역시 마케팅 전략의 한 부분이다. 최적의 제품-시장 조합(market-product fit)을 탐색하는 것이 마케팅의 핵심 임무 중의 하나이기 때문이다. 따라서 마케팅 관리자라면 이에 대한 기본적인 역량을 갖추어야 한다. 만약 화학 기업이나 다른 B2B 대기업에 근무하고 있다면, 제품 포트폴리오 전략에 대한 역량 강화에 더 투자할 것을 권하고 싶다. 대기업은 관리해야 할 포트폴리오 품목이 많아서, 끊임없이 여러 조합을 측정하고 선택하는데, 이에 대한 이해가 높다면, 여러모로 도움이 많이 될 것이다. 회의 시간에 나오는 안건의 배경을 재빠르게 포착할 수 있고, 그에 맞는 대응을 하기도 쉬울 것이다. 결과적으로 주목받는 기회

117

가 점점 많아질 것이고, 당연히 진급할 확률도 커지게 된다.

포트폴리오를 관리하는 목적은 기존 제품들의 시장 경쟁력을 측정하여 투자 규모와 마케팅 자원 할당 등에 이용하려는 것이다. 그러나 기존 제품들에 대해서만 분석하다 보면, 비어 있는 부분들이 생기기 마련이다. 분석 결과 거의 모든 제품이 성숙기나 쇠퇴기의 시장 상황에 있다면(자세한 사항은 다시 다루도록 한다), 미래의 경쟁력에 문제가 생길 수 있다. 이런 점 때문에, 모든 기업은 연구 개발과 신사업에 투자하여 미래 먹거리 개발에 힘쓰게 된다. 이런 일련의 노력들을 시간에 따라 배치하면 제품-기술 로드맵을 설계할 수 있다. 이 장에서는 제품의 경쟁력을 분석하는 대표적인 방법들과 포트폴리오 전략의 일부가 되는 신사업 개발과 제품 로드맵에 대해 살펴보도록 한다.

제품 경쟁력을 어떻게 측정할 것인가?

한국 화학 기업을 대표하는 LG화학은 〈그림 5-1〉과 같은 사업부로 구성되어 있다. 이를 보면, 석유화학 제품부터 최근에 합병한 바이오 제품까지 골고루 잘 갖추어져 있다는 것을 알 수 있다. 각 사업부는 다양한 제품들로 구성되어 있어, LG화학 제품을 모두 합치면 수천 가지가 넘을 것이다. 회사에 따라 규모의 차이는 있지만, 모든 화학 회사들은 여러 제품들의 포트폴리오를 구

| 그림 5-1 | **LG화학의 제품 포트폴리오**

기초 소재 사업 부분
석유 · 화학제품 및 가공 원료

전지 사업 부분
소형 / 자동차 / ESS 등 2차 전지

정보 전자 소재 및 재료 사업 부분
편광판, 광학 재료, 전자 재료 등

바이오 사업 분야
그린 / 레드 바이오 사업

출처: LG화학

성하여 시장에서 경쟁 우위를 확보하고자 노력한다. 그렇다면, 포트폴리오에 속해 있는 다양한 제품들의 경쟁력은 어떻게 측정할 수 있을까? 화학 시장에 맞는 방법이 있을까? 이 장에서는 마케팅 관리자가 이해하고 있어야 할(혹은 직접 분석해야 할) 몇 가지 방법들을 소개한다.

| 그림 5-2 | **제품 수명 주기와 시기별 마케팅 활동**

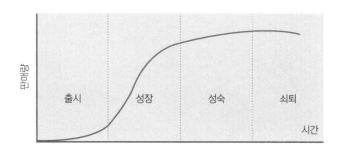

	출시	성장	성숙	쇠퇴
매출	• 낮음	• 급격히 증가	• 정점	• 점증적 감소
원가	• 높은 연구개발비	• 생산 단가 급격히 감소	• 생산단가 낮음. 마케팅 비용 증가	• 매우 낮음
구매자 특성	• 기술 혁신 기업 고객	• 초기 적용자	• 대부분의 시장 참여자	• 원가 경쟁자
이익률	• 큰 폭의 적자	• 급격히 상승	• 정점	• 점증적 감소
경쟁 강도	• 낮음	• 점증적 증가	• 변화 없음	• 점증적 감소
제품 특성	• 품질 불안정	• 차별화	• 경쟁 우위	• 변화 없음
마케팅 목표	• 점유율 확보	• 고객 그룹 확대	• 세분 시장 추가 공략	• 마케팅 활동 철수
핵심 전략	• 점유율 확보	• 이익률 상승	• 원가 경쟁 우위	• 이익 최대화

대부분의 제품들은 출시 이후 일정한 형태의 판매량 추세를 보여준다. 흔히, S-곡선이라고 부르는 이 추세를 근거로 하여 제품의 현재 상태를 분석해 보는 방법을 제품 수명 주기(product life cycle) 분석이라고 부른다. 〈그림 5-2〉에서 보는 것처럼 한 제품은 출시 이후에 판매량이 급증하는 성장기와 성숙기, 쇠퇴기를 거치면서 서서히 경쟁력을 잃어 간다. 그림은 편의상 각 시기가 일정한 것처럼 표시되어 있지만, 실제로 각 시기는 상황에 따라 모두 다르게 나타난다. 어떤 화학제품은 성숙기에만 30년째 머무는 경우도 있다. 분석해 보고자 하는 제품의 판매량 추이를 시간에 따라 그려보면, 해당 제품의 현재 위치를 수명 주기에 표시할 수 있게 된다. 이후에는 그림에서 설명하고 있는 것처럼, 각 시기에 해당하는 마케팅 목표와 자원 할당을 결정할 수 있을 것이다. 만약, A 제품의 전 세계 판매량이 5년째 비슷하다면, 향후 5년 동안 매출이 늘어날 것인가, 줄어들 것인가? 이 제품이 이미 성숙기에 접어들어 동일 시장에서 더 이상 매출 확대를 기대하기 어렵다면, 마케팅 관리자는 틈새 시장을 찾아 매출 확장을 꾀하거나 이 제품에 대한 마케팅 활동을 서서히 줄여나가야 한다.

　　제품 수명 주기 분석은 경쟁력을 분석하는 도구로도 유용하지만, 다른 마케팅 활동을 설계하기 위한 분석 틀로도 유용하다. 관련 내용들은 다른 장에서 더 살펴볼 것이다. 마케팅 관리자라면 자신이 담당하는 제품 모두의 수명 주기를 확인하고 주기적으로 점검해야 한다.

　　제품 수명 주기 분석이 매우 유용하고 여전히 효과적이기

| 그림 5-3 | **시장 성장률–제품 점유율 매트릭스**

제품	상대 점유율	시장 성장률(%)	연간 판매액($m)
Sky blue	4.0	4	100
Dark blue	0.2	1	50
Red	2.0	10	110
Purple	0.4	8	170
Green	0.6	18	40
Yellow	6.0	18	180
Brown	0.2	13	15

$$상대\ 점유율 = \frac{자사의\ 시장\ 점유율}{가장\ 큰\ 경쟁사의\ 시장\ 점유율}$$

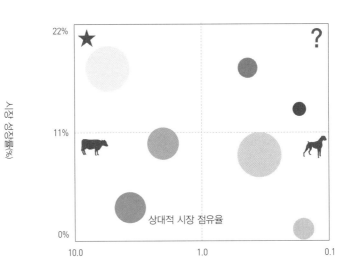

출처: McNamee, P.B.(1985), Tools and Techniques for strategic management, Pergamon Press.

는 하지만 한계도 많이 있다. 예를 들어, 우리의 제품은 현재 매출 성장이 거의 없는 성숙기 혹은 쇠퇴기에 있는데, 경쟁사 제품이 급격하게 성장한다면 제품의 경쟁력과 시장 상황을 어떻게 해석해야 하는가? 그에 따른 최적의 마케팅 전략은 무엇인가? 우리 제품에 대한 정보 외에 시장의 상황을 같이 볼 수 있다면 마케팅 전략 수립에 더 유용할 것이다. 이런 필요성 때문에 〈그림 5-3〉과 같은 시장 성장률-제품 점유율 매트릭스(growth-share matrix)가 개발되었다.

〈그림 5-3〉은 가상의 제품을 가지고 작성해 본 것이다. 위쪽 표에 의하면, 하나의 제품은 모두 3가지의 정보를 가지고 있다. 전체 수요에 의한 시장 점유율이 아닌, 상대적 시장 점유율을 사용했다는 점에 주의할 필요가 있다. 만약 시장에서 가장 높은 점유율을 가진 경쟁 제품이 50퍼센트이고, 우리 제품의 점유율이 40퍼센트라면 상대 점유율은 0.8이 될 것이다. 상대 점유율이 1에 가까워지면, 시장에서 매우 치열한 공방전이 벌어지고 있다는 의미가 되고, 1에서 멀어질수록 압도적인 기업이 있다는 것이다. 이와 같은 정보가 수집되면, 아래쪽 그래프를 그려볼 수 있다. 원의 넓이는 연간 판매액의 크기를 의미한다.

이 그래프는 마케팅 전략에 많은 도움을 줄 수 있다. 경영 컨설팅으로 유명한 보스턴 컨설팅 그룹(Boston Consulting Group, BCG)은 이 그래프를 4등분하여 전략적 방향을 나누어 설명하기도 한다. 만약, 그래프의 아래쪽 하단 면에 있는 군청색(dark blue) 제품에 대한 마케팅 전략을 세워야 한다면 무슨 대책이 있을 수 있을까? 해당 사분면은 시장 성장도 크지 않고, 우리 제품의 점유율도 매우 미약하다. 추가적인 고려 사항(다른 제품과의 연계성, 전략적 특수성, 과다 퇴출 비용……)이 없다면, 이 제품은 퇴출하는 것이 최선일 것이다. 같은 사분면에 있더라도 보라색 제품은 전략이 다를 수 있다. 시장이 꾸준히 성장하고 있고, 상대 점유율이 낮음에도 판매액이 크다는 것은 시장의 크기도 매력적이라는 의미이다. 이럴 경우, 가격의 소폭 인하를 통해 점유율 상승을 노려볼 수도 있고, 성능이 비슷하지만 브랜드는 다른 제품을 출시하여 위치를 변경시키는 것도 고려할 만하다. 하나의 제품에 대해 〈그림 5-2〉와 〈그림 5-3〉을 같이 사용하여 분석해 보면, 좀 더 구체적인 상황과 전략적인 방향에 대한 정보를 얻을 수 있을 것이다. 이는, 사용 빈도가 높고 매우 유용한 방법이다. BCG는 〈그림 5-3〉의 매트릭스를 고안하면서, 각 사분면에 고유의 상징을 명명하였다(강아지, 젖소, 별, 물음표). 실무 회의에서 이 상징들을 가지고 논의하는 경우도 많으니, 매트릭스의 그림을 참고하기 바란다. 물음표를 상징으로 한 것 때문에 성의 없어 보인다는 비판도 많고, 농담의 주요 소재로도 많이 사용된다는 점도 같이 참고하기 바란다.

　이들 방법 외에 제품 경쟁력 분석을 위한 방법이 몇 가지 더 있지만, 점유율-성장률 매트릭스를 일부 확대한 것들이 대부분이다. 실무에서 사용 빈도가 높지 않고, 무엇보다 주관적인 판단이 포함될 가능성이 많아서 그 해석을 놓고 회의 시간만 길어지게 만들 뿐이다. 따라서 권유하고 싶은 방법은 아니다. 그런데 이 매트릭스에 관한 교육을 하다 보면, 가끔 이런 반론을 받을 때가 있다. 마케팅 전략은 정보의 수집과 분석으로만 완성될 수 없고, 분석 위에 일정한 통찰력이 더해져야만 한다는 것이다. 이런 사고방식은 확실히 복잡하고 해석하기 어려운 측정방법에 좋은 동기를 부여하는 것 같고, 일부 관리자들은 무슨 이유에서인지 이런 복잡함을 선호하는 것 같다. 더 정확한 측정을 위한 노력에 동의하지 않는 것은 아니지만, 정보를 수집하고 분석하는 과정에서 너무 많은 통찰력(때때로 주관적 견해일 뿐인……)을 포함시키는 것은 바람직하지 않다. 마케팅 활동 중에는 측정이 가능한 변수들을 중심으로 최대한 객관적인 자세를 견지해야 한다.

신제품 개발을 위한 프로세스는 어떻게 관리하는가?

산업의 역동성이 크면 클수록, 그 속에서 다른 제품들과 경쟁해야 하는 제품의 경쟁력도 빠르게 변화한다. 앞에서 본 점유율-성장률 매트릭스를 매년 분석해 보면, 각 제품의 위치가 계속 이동하고 있다는 것을 알게 된다. 이런 역동성이 기존 포트폴리오 전체의 경쟁력을 위협하고, 이에 대응하기 위해 화학 기업들은 신제품 개발에 투자하지 않을 수 없다. 포트폴리오의 구성과 개발 방향은 주가에도 큰 영향을 미친다. 화학 산업은 고객들도 부

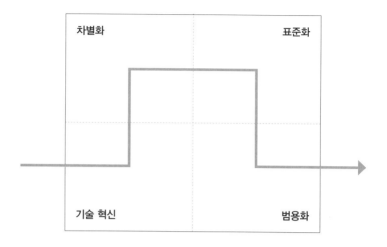

| 그림 5-4 | 경쟁 상황에 대한 제품 발전 경로

차별화   표준화

기술 혁신   범용화

지런하지만, 주주들도 참 똑똑하다. 최근에는 기업 간 인수 · 합병이 활발하게 이루어지면서, 이를 통한 포트폴리오 강화 전략이 주목받고 있다. 그러나 신제품을 개발하는 것이 최선의 미래 전략이라는 것은 변함없는 사실이다. 인수 · 합병은 성공 확률이 매우 낮기 때문이다. 〈그림 5-4〉는 산업 내의 경쟁 환경에서 제품의 위치가 어떻게 변화하는지 시각화한 것이다. 기술 혁신에 의한 효용성을 무기로 시장에 진입하고, 점차 차별성을 인정받으면서 매출이 확대된다. 이후에 경쟁 상황이 변화하면서, 제품의 기술적 효용과 상대적 가치가 희석되고, 범용화되어 끝내 퇴출되는 것이다. 제품 수명 주기와 비슷한 개념이다. 이런 변화는 제품 판매량, 가격, 이익률, 경쟁 제품의 수 등을 종합적으로 분

케미컬 마케팅

석하여 판단할 수 있다. 이런 흐름이 최근에는 매우 빨라졌다는 점에 유의해야 한다.

　예전에는 새로운 기술이나 제품에 대한 아이디어는 실험실로부터 나온다는 믿음이 있었다. 따라서 신제품을 개발하는 프로세스도 핵심 기술자들의 비위를 맞춰 가며 고객에게 신제품을 받아들이도록 윽박지르는 것이 담당 마케팅 관리자의 일처럼 묘사되기도 하였다. 현재의 상황에서 돌아보면 까마득한 옛날 이야기 같다. 한 조사(Accenture)에 의하면, 미국의 화학 기업들은 고객의 불만 사항이나 시장 조사 등으로부터 새로운 아이디어를 수집하는 비율이 50퍼센트를 넘는다고 한다. 물론, 신제품 개발에 대한 연구 개발 관리자의 비중도 여전히 높지만, 고객과 시장의 직접적인 요구 사항이 신제품 개발에 가장 큰 아이디어를 제공하고 있다는 것을 보여준다. 그렇다면 이와 같은 아이디어는 누가 수집하고 분석해야 하는가? 화학 산업의 마케팅 관리자가 제품 기획에 깊이 관계되어 있는 이유이다. 비유하자면, 신제품 개발이라는 자동차를 운전하는 것은 여전히 연구 개발 관리자이지만, 목적지를 설정하는 것은 이제 마케팅의 역할이 된 것이다. 최근에 다국적 화학 기업들은 신제품 개발 책임자에 마케팅 관리자를 지정하는 것이 대세이다. 예전에는 기술 개발 관리자들이 주로 맡는 자리였다.

　화학 산업에 있어서 기술 혁신은 길고 실패 위험이 높은 험난한 길이다. 매킨지(McKinsey)의 조사에 의하면 오직 20퍼센트의 혁신만이 시장에 성공적으로 안착하고, 그나마도 평균적으로

8~19년의 시간이 소요된다고 한다. 그러나 최근에 시장의 역동성이 커지고, 디지털 기술이 발달하면서 신속하고 민첩하게 기술 혁신을 사업화하는 방법에 관심이 많아지고 있다. 새로운 수요 창출은 마케팅 관리자의 가장 중요한 임무이기 때문에, 기술 혁신의 사업화에 대한 역량이 점점 더 중요해지고 있다. 일본의 다국적 기업인 토레이(Toray)는 잠재 시장이 큰 탄소 섬유의 개발에 30년 이상 투자하였다. 다국적 기업 CEO의 평균 재임 기간이 3~4년 정도인 점을 생각해 보면, 앞으로 토레이의 사례는 다시 볼 수 없을 것 같다. 최근 유행하는 '개방형 혁신(open innovation)', '민첩한 제품 개발(agile product development)'과 같은 개념들은 모두 이런 환경의 변화가 주요 원인이다. 필자의 경험으로도 신사업 개발에는 3년 정도가 가장 적당하다. 그 안에 제품 설계부터 고객 확보에 이르는 활동이 일차적으로 마무리되어야 한다. 그렇지 않으면 누군가는 짐을 싸게 된다.

　　다른 산업에 비해 투자 비용이 크고 시간이 오래 걸린다는 특성 때문에, 화학 산업의 신제품 개발을 위한 여러 방법들이 고안되어 왔다. 석유화학제품을 중점적으로 생산하는 기업들은 후방 산업의 기술 변화를 예측하기 위해 '기술 레이더(technology radar)'나 '델파이 기법(delphi method)' 등을 개발하였다. 일본 기업들이 개발한 '품질 기능 전개(qualify function deployment, QFD)'도 유용하게 사용되는 방법이다. 최근에 가장 많이 사용되는 방법은 '스테이지 게이트(stage-gate)'이다. 미국 B2B 기업의 70퍼센트 이상이 사용하고 있다는 조사도 있는 만큼, 가히 신제품 개발 방법의 대세라고 할 만하다. 특히 화학 기업에서 많이 사용하고 있으므로, 마케팅 관리자는 이 프로세스를 습득할 필요가 있다.

스테이지 게이트란 무엇이고, 어떻게 할 것인가?

스테이지 게이트는 제품 개발 과정을 몇 개의 단계로 나누고 단계마다 검증하는 문(gate)을 두어 체계적으로 관리하는 것이 목적이다. 1986년 쿠퍼(Robert G. Cooper) 교수가 처음 소개했는데, 이후에 폭넓은 호응을 받아 B2B 기업들의 표준 방법론이 되었다. 이 방법은 특히 화학 산업과 궁합이 잘 맞는데, 이 방법이 원유 개발과 같은 대규모 투자 관리에서 유래했기 때문이다.

쿠퍼 교수의 방법론을 정리해 보면 이렇다(〈그림 5-5〉).

1) 탐색(discovery): 신제품 출시에 대한 기회를 발견하고, 아이디어를 생성하기 위한 사전 작업이다.

2) 범위 확정(scoping): 프로젝트의 신속한 사전 조사 과정이며, 스테이지 2로 넘어가기 전에 프로젝트의 활동 범위가 좁혀지도록 1차 정보 수집 및 분석을 한다.

| 그림 5-5 | **스테이지 게이트 프로세스**

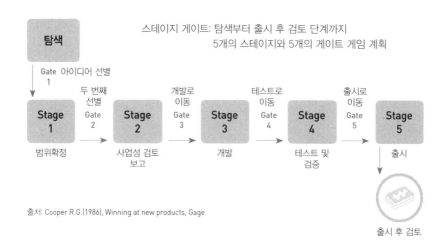

출처: Cooper R.G.(1986), Winning at new products, Gage.

3) 사업성 검토(business case): 시장 및 기술적 내용을 조사하여 비즈니스 사례를 도출한다. 사업성 검토 보고서를 작성하여 본격적인 활동 계획을 승인받는다.

4) 개발(development): 일부 제품의 테스트 작업과 함께 신제품의 실제 세부적인 디자인을 개발한다. 시제품을 바탕으로 생산과 시장 출시 계획을 승인받는다.

5) 테스트 및 검증(test): 신제품의 디자인과 마케팅, 생산 계획을 확인하기 위해 목표 고객과 테스트 실시, 시험 판매 등을 실행한다.

6) 출시(launch): 상업화 단계로 전면적인 운영 또는 생산, 마케팅 및 영업의 시작이다.

스테이지 게이트는 그 자체로도 매우 유용하지만, 다양한 방법으로도 변형이 가능하다. 실제로 대부분의 B2B 기업들은 위와 같은 얼개를 바탕으로 자사의 현실에 맞게끔 수정하여 사용한다. 중요한 것은 각 단계별로 미리 정해 놓은 활동 기준과 표준화된 산출물이 있고, 이를 검증하고 다음 단계로의 이동을 승인하는 그룹(gate keeper)이 별도로 있다는 것이다. 규모가 큰 기업의 경우 이 프로세스만 관리하는 담당자(project manager)를 별도로 지정하여 원활한 운영을 꾀하기도 한다. 다음 쪽의 〈그림 5-6〉은 이처럼 자사의 상황에 맞게 수정한 실제 사례이다. 전체적인 구조는 거의 유사하지만, 세부 내용들은 변형된 것들이 많다.

스테이지 게이트는 프로젝트 수행 과정을 단계적으로 검증할 수 있기 때문에 기대에 미치지 못하는 경우 해당 단계에서 걸러낼 수 있다는 장점이 있다. 투자 손실을 줄일 수 있는 것이다. 프로젝트의 규모가 크고, 많은 투자가 필요한 경우에 가장 잘 맞는다고 할 수 있다. 그러나 이에 대한 반론도 많다. 무엇보다 후방 시장의 변화에 맞추어 신제품을 개발해야 하는 경우, 시간은 촉박한데, 각 단계를 거치면서 너무 많은 시간과 자원을 소모하게 된다. 그리하여 제때에 출시하지 못하거나, 가까스로 출시해도 역동적인 시장의 환경에 적응하지 못하는 일이 빈번하게 일

| 그림 5-6 | **자사에 맞게 수정된 스테이지 게이트 프로세스**

	주요 활동	주요 결정 사항
Gate 0 디자인 개발	핵심 기술 속성 시장 요구 사항 사업부 전략과의 연관성 현금 흐름 시나리오	프로젝트 시작 승인
Gate1 사업성 평가	세부 현금 흐름 시나리오 간이 사업성 평가 기술 개발 역량 평가	사업 개연성 승인 기술 개발 팀
Gate 2 사업 시나리오	사업성 평가 제품 개발 시나리오 확정 기술 개발 파트너 필요성 및 역량 평가	활동 우선순위 결정 팀 확대
Gate 3 가치 제안	가치 제안 차별화 제품 속성 확정 생산 역량 평가	생산 설비 투자 제품 속성 개연성
Gate 4 시제품 평가	핵심 고객 확보 및 시제품 제공 가격 및 공급망 확정 생산 파트너 필요성 및 역량 평가	고객 평가 제품 공급 시나리오
Gate 5 출시	브랜드 홍보 강화 목표 고객 확장 생산 비용 절감	생산 설비 확장 홍보 비용 증액

계획

투자 결정

실행

케미컬 마케팅

132

| 그림 5-7 | **프로젝트 성격에 맞게 수정된 스테이지 게이트 프로세스**

사업부 소규모 프로젝트(Express route)

: 기존 사업을 단순히 확장하거나 관련 경험을 보유하고 있을 경우 stage를 통합하여 gate 실사 소요 기간을 줄여 나간다.

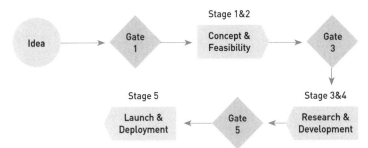

Breakthrough 프로젝트

: 큰 시장 파급력을 가지는 기술 혁신으로 높은 가치 평가를 받을 경우, 초기 검증 과정을 수차례 반복하면서 성공적인 비즈니스 모델 구축에 초점을 맞춘다.

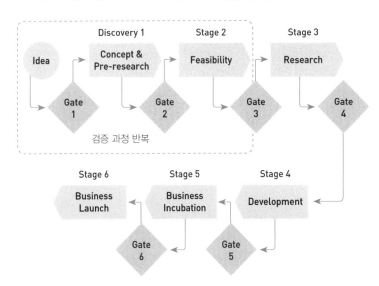

출처: 동아비즈니스리뷰

어난다. 쿠퍼 교수도 이런 불만을 많이 들은 모양이다. 그가 직접 (민첩한 사업 개발을 위한) 수정된 방법론을 발표하기도 하였으니 말이다(Agile Stage Gate Process, 참고문헌 5). 여기서는 이런 보완책의 하나로 일부 수정된 프로세스를 소개한다. 〈그림 5-7〉은 빠른 검증이 필요한 소규모 프로젝트와 기대치가 높은 혁신 기술 프로젝트에 맞추어 수정된 프로세스를 시각화한 것이다. 도표의 위에 있는 그림은 각 단계를 일부 통합하여 빠르게 검증할 수 있도록 설계한 것이다. 마케팅 관리자는 시작 전에 이 프로젝트가 Express Route인지 Normal Route인지 구분하여 설계해야 한다. 혁신 기술이라면 상황이 조금 다르다. 기술의 실제적인 효용과 고객 집단을 연결하는 일이 명확하지 않기 때문이다. 이런 경우에는 기술 효용성을 검증하는 단계에 충분한 시간을 두어 프로젝트가 엉뚱한 방향으로 진행되지 않게 해야 한다. 잠재적인 매출 규모가 큰 사업을 엉뚱한 시장에 출시하여 기회를 살리지 못하는 경우를 방지하기 위함이다. 실제 많이 사용되고 있으니, 꼭 참고하기 바란다.

제품-기술 로드맵은 어떻게 작성하는가?

낯선 곳을 여행하는 사람들에게 자세한 지도가 큰 도움이 되듯이, 복잡하고 불확실한 사업 환경에서 로드맵(roadmap)은 가장

| 그림 5-8 | **마케팅 로드맵 모형**

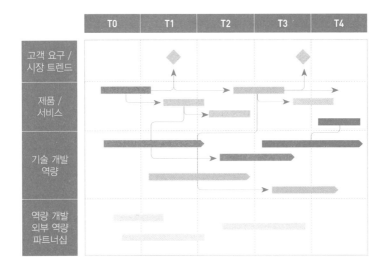

강력한 관리 도구 중의 하나이다. 특히, 규모가 크고 제품이 많을 때, 로드맵은 중·장기 활동을 통합하고 주요 결정 요소들을 체계적으로 관리할 수 있게 도움을 준다. 로드맵은 제품 포트폴리오 관리에 있어서도 큰 도움이 된다. 시간축을 기준으로 제품의 경쟁력과 경쟁사의 움직임, 고객이 요구하는 제품 속성, 필요한 기술 개발 역량 등을 일목요연하게 정리하면, 내부의 혼선 없이 전체 제품 포트폴리오의 경쟁력을 효율적으로 관리할 수 있다. 화학 기업들의 경우, 고객의 요구 사항이 대부분 기술적인 속성과 연계되므로, 제품 로드맵에 기술 개발 로드맵을 합치시켜 관리하면 더욱 강력한 무기가 된다. 제품-기술 로드맵(product-

| 그림 5-9 | **제품-기술 로드맵의 핵심 요소**

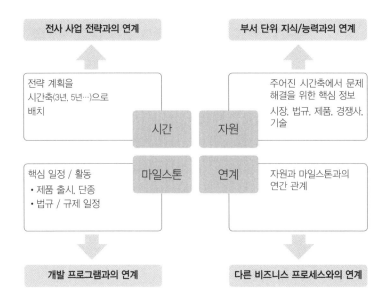

technololgy roadmap)을 작성하는 방법을 살펴보자. 마케팅 활동도 로드맵을 같이 작성하면 효과적인데, 이는 9장에서 자세히 살펴볼 것이다.

〈그림 5-8〉은 전형적인 제품-기술 로드맵의 모형이다. 로드맵의 작성은 두 가지 축으로 작성하는 것이 효율적이며, 엑셀이나 비슷한 도구를 사용하여 충분히 작성할 수 있다. 그림에서 보듯, 시간에 대한 것을 가로축으로, 활동이나 이벤트에 대한 것을 세로축으로 정리한다. 시간 기준을 마련하는 것은 제품의 특성과 사업 환경에 따라 달라지기 마련인데, 일반적으로 3년 혹은 5년을 기준으로 분기별 활동 내역을 정리하는 경우가 대부

분이다.

시간축에 비해 활동이나 이벤트를 구별하는 것은 조금 더 복잡할 수 있다. 그림에서는 가장 일반적인 내용들을 정리해 놓았지만, 상황에 따라 조정해야 할 것이다. 그 외 효과적인 작성을 위해 필요한 사항들을 〈그림 5-9〉에 별도로 정리해 놓았다.

로드맵의 작성과 관리에 있어서 무엇보다 중요한 것은, 각 관리자들의 활동과 관점을 유기적으로 연계해야 한다는 것이다. 기본적으로 이 로드맵은 기술 개발 관리자와 마케팅 관리자의 협업에 의해서 작성되어야 하므로, 이들 간의 의견 조율과 동의가 중요하다. 후에 살펴보겠지만, 마케팅 관리자는 마케팅 활동 로드맵을 작성하는 경우가 대부분이므로, 이들 로드맵 사이의 연계성도 고려해야 한다. 작성 초기에는 불편하고 복잡할 수 있다. 이를 위해 각 관리자들이 며칠 동안 외딴 곳에 틀어박혀 로드맵 작성을 위한 워크숍(workshop)을 하기도 한다. 그러나 일단 작성한 후에 공유가 되면, 그 다음부터는 정기적으로 점검하고 수정하는 일만 하면 되므로 훨씬 효율적인 관리가 가능하게 된다. 로드맵의 효율성을 맛본 사람들은 오히려 지나치게 로드맵에 매몰되는 광경도 종종 보게 된다. 이런 경우라면 바람직하지 않겠지만, 꾸준한 관리와 연습을 통해 최적화된 로드맵 작성과 관리 기법을 습득해야 한다.

〈그림 5-10〉은 실제 제품-기술 로드맵을 가장 간단하게 축약한 것이다. 처음 시작은 이런 모양일 것이다. 시장의 요구 사항과 제품들 간의 연계, 그리고 제품 속성 강화를 위한 기술 개발

| 그림 5-10 | **제품-기술 로드맵의 사례**

2017 2018 2019 2020 2021

시장 트렌드 1

시장 트렌드 2

제품 A

제품 B

제품 C

기술 1

기술 2

- 기술 1에 인원을 확대하면 시장 가치가 하락하기 전에 제품 A를 시장에 출시할 수 있는가?
- 제품 A를 출시하면 제품 C를 단종할 수 있는가?
- 시장 트렌드 2를 잡기 위한 제품B의 속성은 무엇이며, 더 빠르게 출시하는 방법은 무엇인가?
- 기술 2는 어떤 시장 트렌드와 제품에 가장 적합한가?

역량 등에 대해 여러 질문들이 도출되었다는 것을 알 수 있다. 질문이 명확하면 해답이 쉬워지는 것은 여기서도 마찬가지이다. 질문을 따라가다 보면, 이어서 핵심적인 사항에 대한 결정이 시의적절하게 이루어질 수 있고, 경쟁력 확보의 시기를 놓치는 일이 없을 것이다. 너무 복잡하게 로드맵을 작성하는 것은 주의해야 한다. 이는 효율이 너무 떨어지기 때문이다. 때때로 의욕이 넘쳐서 세세한 사항들을 여과 없이 포함시켜 복잡하고 이해하기 어려운 로드맵이 만들어지고는 하는데, 이럴 경우 누구도 반가워하지 않게 된다.

〈그림 5-11〉은 한 다국적 화학 회사의 기술-제품 로드맵

| 그림 5-11 | **제품-기술 로드맵의 실제 사례**

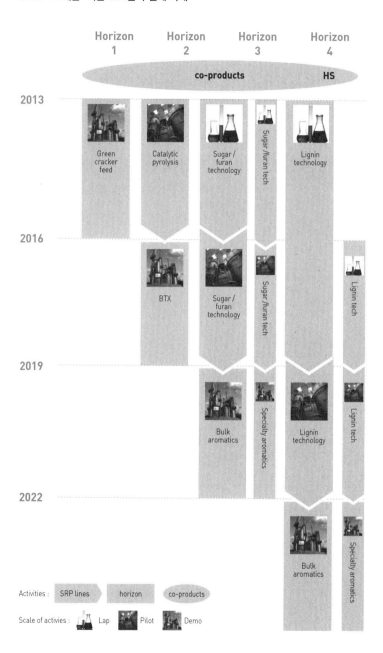

사례이다. 1장에서 소개했지만, 녹색 화학 혁신이 산업의 중요한 의제가 되면서, 이에 대응하기 위한 활동을 정리할 필요가 생겼다. 이런 배경 아래서 현재 보유하고 있는 개발 역량과 제품 포트폴리오를 점검하고, 새로운 친환경 제품 포트폴리오를 구성하는 것이 주요 목적인 로드맵이다.

로드맵 작성과 관리를 전담하는 관리자가 따로 있다면 상황이 다르겠지만, 로드맵은 프로젝트의 성격이 강해서 필요에 따라 그때 그때 작성되고 관리된다. 따라서 관리자 중의 한 명이 촉진자(facilitator)가 되어 이끌어 가면 효율적인데, 마케팅 관리자에게 이 역할을 요청하는 경우가 대부분이다. 제품-기술 로드맵은 포트폴리오 관리의 효율성을 높이는 것이 목적이지 모든 프로젝트를 포괄하는 것은 아니다. 가격이나 판매망 설계와 같은 주요 마케팅 활동이 포함되어 있지 않으니, 혼동하지 말아야 한다. 마케팅 활동은 별도로 마케팅 로드맵을 작성하여 관리하는 것이 효율적이다. 9장에서 자세히 살펴볼 예정이다.

6

가격 전략

"복잡하게 설명하실 필요 없습니다. 기존 제품보다 싸기만 하면
돼요."

　마케팅 관리자로서 가장 어려운 일 중의 하나가 가격을 결
정해야 하는 것이다. 신제품의 가격과 관련하여 핵심 고객들의
반응을 확인하려 하면, 위와 같은 대답과 좀 싸늘한 반응을 얻게
되는 경우가 많기 때문이다. 언젠가 가격 결정에 관한 질문에,

　"고객에게 물어보라"

라고 대답하는 마케팅 전문가를 본 적이 있다. 어떤 산업의 전문
가인지는 모르지만, 최소한 화학 산업에서는 절대 하지 말아야
할 일이다.

최근에는 공급 가치에 의한 가격 선정(value-based pricing)이 유행인데, 이를 제대로 이해하고 실행하지 못하면 좀 무능한 마케팅 관리자로 낙인찍히는 경우도 많다. 그러나 이 가격 실행은 기존 제품에 적용하기 어려운 단점이 있다. 특히, 제품의 차별화가 심하지 않고, 고객의 협상력이 압도적인 시장이라면 섣부르게 시도해서는 안 된다.

전통적으로 B2B 산업은 가격 실행 방법에 대해 큰 관심을 가지지 않았다. 특히 화학 산업은 불과 얼마 전까지만 해도 원가 구조에 의한 경쟁 우위의 확보가 최고의 덕목이던 시절이어서, 차별화된 가치 제안과 그에 따른 가격 실행 방법은 이론적으로만 근사할 뿐, 실제적으로는 많이 시도되지 않았다.

화학 산업에서 다양한 가격 실행을 시도한 것은 비교적 최근 일이다. 가장 큰 이유는 원가 구조의 개선에 의한 이익률 상승이 매우 어려워졌기 때문이다. 화학 기업들에게 뭔가 다른 방법이 필요하게 된 것이다. 예를 들면, 제품이 제공하는 기술적 효용과 상대 가치를 다시 평가하고, 가격 구조를 변경하면 고객이 독차지하고 있는 이익의 일부를 가져올 수 있지 않을까? 그렇다고, 협상력이 높지 않은 산업이나 제품을 가지고 다시 가격 실행을 하기는 쉽지 않으니, 일부 제품들에 한해 조심해서 가격 전략을 재검토하고 있는 상황이다. 기존 제품의 가격 실행에 대해 마케팅 관리자의 역할은 한정적이어서, 이 책에서는 다루지 않을 예정이다. 우리의 관심사는 신제품의 가격 결정과 관계된 전략과 실행이다. 이 장에서는 이 부분에 대해서 중점적으로 살펴보

| 그림 6-1 | **영업 이익 개선 비율**

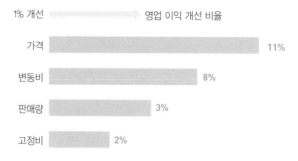

출처: Price Intelligently (www.priceintelligently.com)

도록 하겠다.

본론에 들어가기 전에 우선 살펴볼 사항은 가격 실행의 중
요성이다. 정확히 표현하면, 가격 결정이 이익률에 미치는 영향
인데, 〈그림 6-1〉에서 보듯이, 가격을 1퍼센트 개선하면(인상하
면), 영업 이익은 11퍼센트 상승한다. 생산의 변동비를 1퍼센트
줄이고, 판매량을 1퍼센트 늘이는 것도 대단히 어렵고 중요한데,
이익률 개선에 미치는 영향은 가격에 비하면 한참 못 미친다. 가
격 전략이 중요한 이유이다. 또 하나 살펴볼 것은, B2B 제품의
가격은 탄력성이 매우 적다는 것이다. 시장 상황과 경쟁 환경이
변한다고 해서 가격 실행을 자주 변경하기는 어렵다. 가격 결정
에 최대한 신중해야 하는 이유이며, 많은 분석과 준비가 필요한
배경이다.

가격 결정과 관련하여 강조할 것이 하나 더 있는데, 신제품의 가격 결정은 마케팅 관리자의 고유 임무라는 것이다. 이것은 불필요한 혼선을 줄이기 위함인데, 마치 선거 결과처럼 가격에 대해서는 모든 사람이 전문가를 자처하기 때문이다. 가격 결정 과정에서 다른 관리자들과 많은 논쟁이 있을 수 있지만, 최종 가격 결정은 마케팅의 업무라는 것을 분명히 해야 한다. 그렇지 않으면, 가격 실행 과정이 혼란스러울 수 있고, 때로는 이런 혼선이 외부에 노출되어 (일관되지 못한 가격 정보로 인해) 고객들까지 혼란스럽게 만드는 경우도 있다. 이와 같은 상황을 감안하여, 마케팅 관리자는 초기부터 일의 책임과 권한을 분명히 정해 두어야 한다.

가격 전략의 핵심 요소

가격은 제품의 가치를 나타내는 단 하나의 지표이다. 우리 제품이 표시된 가격보다 더 높은 가치를 가지고 있다고 말할 수는 있지만, 시장 가격이 더 높은(비싼) 경쟁 제품보다 가치가 있다고 주장하는 것은 어리석은 짓이다. 즉, 경쟁 환경에서 가격은 상대적인 가치를 표현하는 수단인 것이다. 따라서 가격 실행을 위해서는 우리 제품의 상대적인 가치를 분석하고 측정하는 일이 가장 중요하다.

가격에 관한 고전적인 표현은 가격(P)은 원가(C)보다는 커

| 그림 6-2 | **가격 실행 요소**

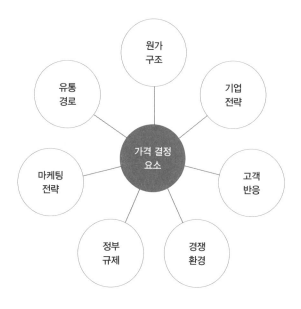

야 하고, 고객이 인식하는 가치(V)보다는 작아야 한다는 것이다 (C 〈 P 〈 V). 화학 산업에서 가격 결정 요소를 분석해 보면, 이보다는 조금 더 많은 부분들이 결합되어 있다는 것을 알게 된다. 〈그림 6-2〉는 가격 실행의 여러 요소들을 정리한 것이다. 숫자로 표현되는 가격을 위해 여러 요소들이 유기적으로 작동하는데, 기업의 내부 요소들은 다른 부서와의 협업을 통해 조정이 가능하기 때문에, 마케팅 관리자는 외부 요인들을 탐색하는 일에 더 중점을 두어야 한다. 특히 정부의 규제와 유통 경로를 주목할 필요가 있다. 화학 산업은 환경 위험성과 지리적인 위치로 인해 정

| 그림 6-3 | **경쟁 환경에서 제품의 상대 가치**

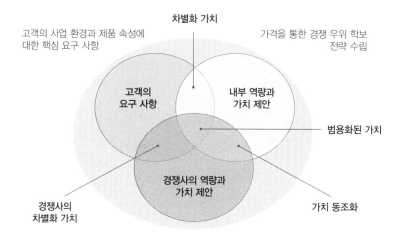

부의 다양한 규제 아래 놓여 있으며, 이는 원가를 상승시키는 역할을 하기도 한다. 게다가 유통이 복잡하고 전문적이어서 원가를 압박하기도 하고, 새로운 가치 제안이 되기도 한다.

더 어렵고 도전적인 과제 역시 외부에 있는데, 경쟁 상황을 파악하고 고객이 인식하는 상대 가치를 수치화하는 일이다. 우리 제품의 상대 가치가 높을수록 가격 협상에 유리한 위치를 점할 수 있으므로, 철저한 정보 수집과 분석이 필수적이다. 〈그림 6-3〉은 경쟁 상황 속에서 어떠한 점이 우리의 상대 가치인지 분류해 볼 수 있게 한다. 그림에서 보는 것처럼, 고객이 인식하는 제품의 가치는 여러 가지로 구분될 수 있고, 우리의 차별화된 가치 제안과 깊은 관계가 있다. 따라서 기술 혁신과 제품 개발 과정에서 이와 같은 상대 가치가 충분히 논의되어야 하고 제품에 반영되어야 한다. 고객과의 협상은 그와 같은 가치를 확인하는 과정이지, 협상 장소에서 몇 마디 잘한다고 해서 없는 가치가 생기는 것은 아니다.

B2B 산업에서 가격을 실행하는 과정은 오랜 기간 단일 프로세스에 의해서 이루어졌다고 해도 과언이 아니다. 흔히 원가 기반 가격 결정(cost-based pricing)이라고 부르는 방법으로, 제품과 서비스의 수준에 대한 원가 구조에 맞추어 가격을 결정하는 방법이다. 상대 가치가 그다지 크지 않아서, 고객의 협상력이 월등하다면 지금도 이 방법에 의한 가격을 우선적으로 고려해봐야 한다. 그러나 신제품을 출시하거나 기존 제품을 리브랜딩(rebranding)하여 새로운 이름으로 출시할 때에는 상대 가치를 최대한 지렛대로 삼아 가격 실행을 고려해야 한다. 〈그림 6-4〉는 이 두 가격 실행 모델(pricing model)의 차이를 시각화한 것이다. 여기서는 가치 기반 가격 실행은 원가 기반 실행보다 더 많은 시장 조사와 분석을 요구한다는 점을 염두에 두어야 한다. 실제로, 가치 기반 가격 실행을 하고 싶어도 정보가 부족하거나 혹은 이를 분석할 역량이 부족해서 원가 구조에 의한 가격 실행을 하는 경우도 많이 있다. 하나 더 강조할 것은 이미 출시된 제품의 가격을 내부의 사정에 의해 변경하기는 매우 어렵다는 사실이다. 고객과의 관계에서 그만한 협상력을 가지고 있는 화학 기업은

| 그림 6-4 | **가격 실행 모델**

원가 기반 가격 결정 모델

| 제품 /
서비스 수준 | 원가 | 가격 | 가치 | 고객 | →

가치 기반 가격 결정 모델

| 고객 | 가치 | 가격 | 원가 | 제품 /
서비스 수준 | →

극소수일 뿐이다. 가격 실행에 항상 신중해야 하는 이유이다.

　가격이 시장에서 조정 압력을 받는 경우는 시장의 성장과 경쟁 상황에 변화가 있을 때이다. 사실 이 두 가지는 동전의 양면과 같은데, 시장이 성장하여 제품의 수요가 늘어나면, 경쟁은 자연스럽게 치열해지기 때문이다. 이와 같은 가격 변동 압력은 5장에서 언급한 제품의 수명 주기와 비슷한 곡선을 보인다. 일반적으로 판매량이 커지면 어느 시점에서 가격을 일부 조정해야 하는 강한 압력을 고객으로부터 받기 때문이다. 가격을 설계할 때, 마케팅 관리자는 이런 제품의 수명 주기에 따른 가격의 변동 상황을 충분히 시뮬레이션하여 신제품의 가격에 반영하는 것을 고려해야 한다. 〈그림 6-5〉는 각 단계별 대응 방안을 시각화한 것이다. 화학제품은 일반적으로 그 수명이 매우 길기 때문에, 대략 5~10년의 수명 주기를 예상해서 가격 변동 시나리오를 설계하면 큰 문제가 없을 것이다.

| 그림 6-5 | 제품 수명 주기에 따른 가격 변동 시나리오

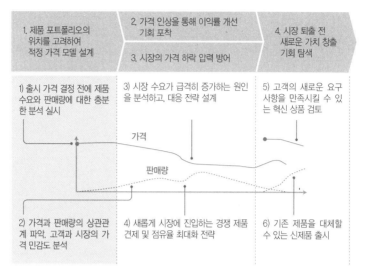

출처: SABIC 미래 전략 팀(내용 일부 수정).

신제품 가격 결정 프로세스

신제품을 기획하고 출시하는 과정에서 가격 실행은 매우 유기적으로 조직되는 업무 중의 하나이다. 앞에서 본 것처럼, 고객이 인식하는 상대 가치는 제품의 속성과 경쟁 상황, 가격 등을 종합적으로 검증한 후에 확인되기 때문이다. 다른 한편, 신제품의 개발과정은 해당 사업부 혹은 기업 본사의 전략적인 투자에 의해서 이루어지기 때문에, 내부 전략 및 기대치와 조화를 이루어야 한다. 마케팅 관리자는 이런 다양한 이해 관계자들의 압력을 인지

| 그림 6-6 | **신제품 가격 모델 프로세스**

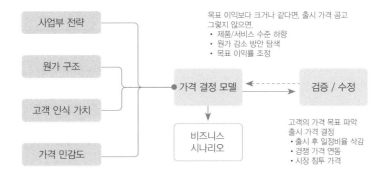

하고 잘 조율해 가면서 가격을 실행해야 한다. 개인적으로는 마케팅 관리자의 업무 중에서 가장 난이도가 높은 부분이고, 마케팅 관리자의 역량을 가늠해 볼 수 있는 부분이라고 생각한다. 이런 난이도 때문에, 가격 실행에 관한 계획은 신제품 기획 초기부터 설계되어야 하고, 최종 가격을 결정하는 것이 아니라 가격 모델을 수립해 프로젝트의 진행 상황에 유기적으로 대응할 수 있어야 한다. 이와 같은 전체적인 과정을 〈그림 6-6〉에 정리하였다.

B2B 산업에서 가격 모델을 설계하기 위해서는 크게 4가지 사항을 고려해야 한다. 좀 더 자세하게 살펴보도록 하자.

사업부 전략

신제품 기획을 위한 사내 벤처나 소규모 프로젝트 팀들은 특정 사업부의 관리 및 투자에 의존하여 사업 전략을 수립하기 시작하는 경우가 일반적이다. 이런 경우에는 사업부 전략 방향이 여러 마케팅 활동에 영향을 준다. 실제로, 사업부의 핵심 관계자들은 외부 투자자의 역할과 거의 동일하다. 여기에 더해, 사업부 관리자들은 신제품이 기존 제품의 가치를 훼손하는 것을 꺼려한다. 자기 제품 잠식(cannibalization)은 사업부 단위에서 선택하기 매우 어려운 결정이다. 따라서 사업부의 전략 방향에 대해 충분히 논의한 후 가격 실행 목표를 세우는 것이 중요하다. 〈표 6-1〉은 여러 가격 실행 목표에 대한 내용들을 정리한 것이다. 사업부 관리자들과 충분히 논의하여 어떤 것이 우리의 목표가 되어야 하는지 특정해야 한다. 이 경우에도 목표가 뚜렷하면 가격 실행은 비교적 수월하게 진행할 수 있지만, 그렇지 못하면 끊임없는 업무 혼선만 빚어질 수 있다.

원가 구조

어떤 방법으로 가격을 실행한다고 하여도, 원가 구성에 대한 충분한 정보와 분석 없이 가격을 결정할 수는 없다. 가격 실행의 대전제는 가격이 원가보다는 높아야 한다는 것이기 때문이

| 표 6-1 | **가격 실행 목표**

가격 실행 목표	핵심 정책
이익 중심 결정	자사의 판매 이익률을 최대화하는 방향으로 가격 결정 원가 대비 이익률의 관점이 아닌, 투자비의 조기 회수가 중요할 때 고려
판매량 중심 결정	고개의 요구 사항을 적극적으로 수용하여 판매량을 확장하는 방향으 로 가격 결정 시장이 빠르게 성장하거나, 핵심 고객의 시장 점유율이 확대될 때 고려
시장 요구 중심 결정	시장과 고객의 요구 사항을 수용하여 가격 결정 고객과의 사업 관계 등을 고려하여 요구사항을 수용하는 것이 장기적 으로 이익일 때
점유율 중심 결정	자사의 시장 점유율을 확대하거나 유지하는 등 일정한 점유율을 목표 로 가격 결정 시장의 변동성이 커져서 수요가 불확실할 때, 혹은 시장이 성숙해져 서 더 이상 성장을 기대하기 어려울 때 고려
현금 흐름 중심 결정	판매를 통한 현금의 회수를 최대화하는 방향으로 결정 일시적으로 현금 흐름에 문제가 있거나 제품의 수명이 곧 종결될 때 고려
경쟁 상황 중심 결정	경쟁사의 가격을 최대한 반영하여 결정 가격 경쟁 우위를 목표로 하거나 경쟁사의 가격 변동이 심해질 때 고려
평판 중심 결정	자사 제품에 대한 고객의 인식을 최우선하여 결정 품질과 브랜드 이미지가 높은 제품일 경우 인위적인 고가 정책 가능
현상 유지 결정	핵심 가격 결정 요소를 반영하여 자동적으로 가격 결정 안정적인 사업 환경일 때 고려

출처: Hutt and Speh, Business marketing management, South-Western, 10th ed.

6장 가격 전략

| 그림 6-7 | B2B 산업의 일반적인 원가 구조

직접원가	제조원가	총원가	판매원가	판매가격

출처: 동아비즈니스리뷰 참조.

다(단기적으로 원가 이하로 가격을 책정할 수도 있다). 기존 제품의 원가를 파악하는 것은 어려운 일이 아니지만, 신제품의 경우는 그렇게 간단하지 않다. 특히, 신제품이 기존의 생산 공정과 상이하면, 원가 구조에 대한 내부적인 도움을 기대하기 어렵다. 따라서 신제품의 생산 공정에 대한 분석이 끝나면, 생산 담당자와 함께 꾸준하게 원가 구조를 파악하기 위한 협업을 해야 한다. 가능하면 프로젝트 초기부터 이런 협업 관계를 설계해야, 생산을 적극적으로 검토할 때, 불필요한 혼선을 줄일 수 있다. 강조하고 싶은 것은 이와 같은 작업을 기술 개발 담당자에게 미루면 안 된다는 것이다. 기술 개발 담당자들은 본인들이 가지고 있는 지식을

| 그림 6-8 | **고객이 인식할 수 있는 가치 구분**(Value tree)

출처: Menon A., et al (2005), "Understanding customer value in B2B relationship", *Journal of B2B marketing*.

통해 원가 구조를 탐색하는데, 이때 생산 부서와의 협업이 원활히 이루어지지 않는 경우가 많다. 다시 말하지만, 가격에 관한 모든 프로세스는 마케팅 담당자가 선도해 가는 것이 최선이다.

고객 인식 가치

고객이 우리의 제안에 대해 인식하는 상대적인 가치가 가격 결정의 가장 핵심이고, 난이도가 높은 부분이다. 실무에서 가치 기반 가격 실행이 실패하는 원인이기도 하다. 어떻게 수치화할 수 있을까? 일단, 우리 제품이 제공하는 가치를 좀 더 세분화해서 살펴봐야 한다. B2B 제품의 가치는 크게 고객의 원가 절감과 매출 상승에 대한 기여로 분류해 볼 수 있다. 원가 절감과 매출 상승은 다시 여러 요소로 나누어 볼 수 있는데, 최대한 많이 나누어서 우리 제품의 설계 가치와 비교해 봐야 한다. 〈그림 6-8〉은 이와 같은 세부적인 가치들을 화학 산업에 맞게 정리한 것이다. 다른 B2B 산업에도 충분히 적용해 볼 수 있을 것이다.

후방 산업의 성격에 따라 다를 수 있지만, 화학제품이 제공하는 가치는 〈그림 6-8〉의 구분에서 크게 벗어나지 않는다. 가격 모델을 수립하기 전에 실제 어느 부분에서 고객에게 가치를 제공하게 되는지 분석해 봐야 한다. 이를 바탕으로 제품의 상대 가치를 구체적인 수치로 표현하고 경쟁사의 제품과 비교 평가해 볼 수 있다. 〈그림 6-9〉는 이와 같은 과정을 거친 실제 사례를 시각화하여 표현한 것이다.

〈그림 6-9〉는 일견 간단해 보이지만, 난이도가 높고 시간이 오래 걸리는 일이다. 마케팅 활동 중에서 가장 중요한 것이라고 할 수도 있는데, 우리의 가치 제안에 대한 내용이 모두 담겨 있기 때문이다. 그림을 보면, 경쟁 제품과 우리 제품은 상반되는 가치를 제안하고 있다. 경쟁 제품은 기존 제품 대비 생산비와 간접비 감소가 주요 목적이다. 이렇게 감소한 요소로 인해 원료의 가치는 상대적으로 상승했는데, 이 부분을 고객과 나누어 가진다는 것이 가치 제안의 핵심이다. 반면, 우리 제품은 고객에게 매출 상승 기회를 제안하고 있다. 생산비의 일부가 감소되는 효과도 있으나 크지 않고, 매출 상승이 두드러진다. 고객의 매출이 증가한 덕분에 원료의 가치가 기존 제품에 대비해 상승했다. 이 가치

| 그림 6–9 | **제품의 상대 가치 분석**

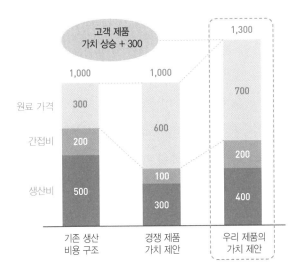

를 나누어 가지는 것이 핵심 목표이다. 실제 분석 과정에서 이런 정도의 완결성을 가지기는 매우 어렵지만, 반드시 점검하고 꾸준히 개선해 나가야 한다. 고객과의 미팅을 위해서는 여러 시나리오를 준비하여 고객의 반응으로부터 최적의 상대 가치 분석을 유추해 내는 것도 중요한 과정이다.

상대 가치 분석에 있어서 놓치지 말아야 할 부분이 하나 더 있다. 흔히 교체 비용(switching cost)이라고 부르는 부분이다. 대부분의 B2B 산업과 그 후방 산업은 대규모 장치 산업인 경우가 많아서, 기존에 설치한 장비들의 감가상각이나 교체 비용 등에 대단히 예민하게 마련이다. 수조 원을 투자하여 반도체 생산 라인을 지었는데, 100억 원의 상대 가치가 있는 원료를 승인하기 위해 라인을 변경하는 일은 벌어지지 않는다. 반도체 원료 공급자들이 반도체 산업 주기와 신규 라인 증설 시기를 세밀하게 관찰하는 이유이다. 신규 라인에 대한 설계가 끝나기 전에 구매 승인을 받아야 하기 때문이다. 이처럼, 산업 구조를 분석하면서 후방 산업의 원료 탐색과 승인 주기를 잘 분석하면, 언제 산업에 진입해야 하는지(time-to-market) 시뮬레이션해 볼 수 있다.

〈그림 6-10〉은 신제품의 기술적인 효용 가치와 교체 비용을 시각화한 것이다. 그림에서 보듯, 기존 제품에 내재하고 있는 가치는 단순한 기술적 효용 가치로만 비교할 수 없다. 기존 제품이 광범위하게 적용되어 있고, 또한 적절한 보완재가 있어서 서로 상호작용하고 있다면, 실제 고객이 받아들이는 가치는 매우 높을 것이다. 우리 제품의 기술적 효용 가치가 월등하여 기존 제품의 가치를 뛰어넘는 수준이 아니라면(그림의 중간), 그 제품은 고객이 받아들이기 매우 어렵다. 오히려, 기존 제품과 고객의 생산 공정과의 상용성(compatibility)이 높아서 조그만 기술적 효용 가치의 상승에도 쉽게 적용되는 경우가 압도적으로 많게 된다(그림 오른쪽). 제품의 가격이 단순히 라벨에 붙어 있는 숫자가 아니고, 우리의 가치 제안의 완결편이라는 것을 이해할 수 있다.

지금까지 고객이 인식하게 되는 상대 가치에 대해 살펴보았다. 이는, 마케팅 관리자의 모든 역량이 투입되어야 하는 활동이다. 다시 말하면, 이 활동을 얼마나 잘 수행하는지 확인해 보면, 마케팅 담당자의 역량을 가늠해 볼 수 있다는 의미이다.

| 그림 6-10 | **교체 비용 분석**

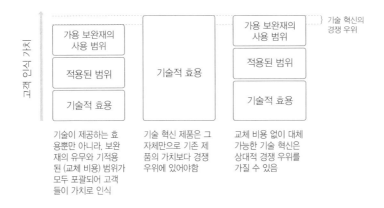

출처: Schilling M.A., *Strategic management of technological innovation*, McGraw-Hill, 4th ed. p.75.

가격 민감도

화학 산업과 같은 산업재 원료는 가격 민감도를 측정하기 매우 어렵다. 그렇다고 해서, 기업 고객들이 가격에 예민하게 반응하지 않는다는 말은 아니다. 다만, 직접적인 방법으로 측정하기는 어려우니, 간접적인 측정 방법을 설계해야 한다는 것이다. 몇 가지 방법을 소개한다.

- 목표 고객의 과거 구매 행위: 시장 접근 전략을 통해 목표 고객과 경로를 설계했다면, 그 고객과 우리의 누적 거래 관계를 파악해 볼 수 있다. 만약 어떤 제품의 과거 거래 기록이 충분하게 있다

면, 목표 고객의 가격 민감도를 간접적으로 확인해 볼 수 있다.

■ 목표 고객의 산업 내 위치: 산업 내에서 기술 혁신을 이끌어 가는 고객은 신제품의 기술적 효용에 더 큰 가치를 두게 마련이다. 따라서 일반적으로 가격에 덜 민감할 것이다. 반대로, 목표 고객이 산업 내에서 원가 경쟁 우위를 추구하고 있다면, 가격에 대단히 민감할 것이다.

■ 고객의 산업 주기: 우리 제품을 새로운 스마트폰에 적용하는 것이 목적이라면, 목표 고객의 개발 일정을 탐색해야 한다. 스마트폰과 같이 개발 일정이 촉박한 산업은 혁신 기술에 대한 가치를 높게 평가하고, 가격 협상을 길게 끌고 가지 않는다.

이상과 같은 간접적인 방법으로 가격 민감도를 측정하고 가치 제안에 반영하여야 한다. 가격의 민감도까지 종합적으로 정보가 쌓이고 충분한 분석이 이루어지면, 실제 가격 모델 설계를 위한 준비가 된 셈이다.

신제품 가격 모델

가격 모델을 설계하는 방법은 매우 다양하지만, 이 책에서는 화학 산업에서 많이 사용하는 3가지 방법을 설명한다. 〈그림

| 그림 6-11 | **신제품 가격 모델 설계**

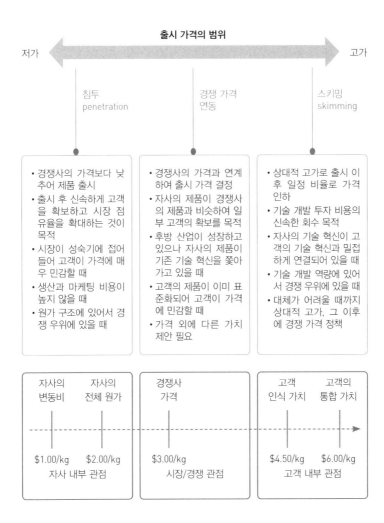

출시 가격의 범위

저가 ←————————————————————————→ 고가

침투
penetration

경쟁 가격
연동

스키밍
skimming

- 경쟁사의 가격보다 낮추어 제품 출시
- 출시 후 신속하게 고객을 확보하고 시장 점유율을 확대하는 것이 목적
- 시장이 성숙기에 접어들어 고객이 가격에 매우 민감할 때
- 생산과 마케팅 비용이 높지 않을 때
- 원가 구조에 있어서 경쟁 우위에 있을 때

- 경쟁사의 가격과 연계하여 출시 가격 결정
- 자사의 제품이 경쟁사의 제품과 비슷하여 일부 고객의 확보를 목적
- 후방 산업이 성장하고 있으나 자사의 제품이 기존 기술 혁신을 쫓아가고 있을 때
- 고객의 제품이 이미 표준화되어 고객이 가격에 민감할 때
- 가격 외에 다른 가치 제안 필요

- 상대적 고가로 출시 이후 일정 비율로 가격 인하
- 기술 개발 투자 비용의 신속한 회수 목적
- 자사의 기술 혁신이 고객의 기술 혁신과 밀접하게 연결되어 있을 때
- 기술 개발 역량에 있어서 경쟁 우위에 있을 때
- 대체가 어려울 때까지 상대적 고가, 그 이후에 경쟁 가격 정책

| 자사의 변동비 | 자사의 전체 원가 | 경쟁사 가격 | 고객 인식 가치 | 고객의 통합 가치 |

$1.00/kg $2.00/kg $3.00/kg $4.50/kg $6.00/kg

자사 내부 관점   시장/경쟁 관점   고객 내부 관점

6-11〉은 이런 가격 모델을 시각화하여 표현한 것이다.

사업부의 전략부터 가격 민감도까지 충분히 파악했다면, 우리 제품의 상대적인 위치를 〈그림 6-11〉에 표시해 볼 수 있을 것이다. 이에 따라 어떤 가격 모델을 실행해야 하는지 참고하길 바란다. 스키밍(skimming) 가격에 대해서는 조금 더 설명이 필요할 것 같다. 최근에 많이 사용하는 방법으로 제품 출시 초기에는 경쟁사보다 고가의 가격을 책정한 후, 시간이 지나면서 일정 비율로 가격을 인하하는 방법이다. 표면을 살짝 깎아 내리는 행위를 본따 지은 이름이다. 후방 산업이 전자 분야라면, 기업 고객들에게 익숙한 방법이어서 적극적으로 고려해 볼 만하다. 다른 가격 실행 방법도 어렵지 않게 적용해 볼 수 있을 것이다. 어떻게 보면, 가격 모델을 설계하기 위한 정보 수집과 분석에 많은 노력과 시간이 소요되지, 결정은 오히려 간단할 수 있다. 이렇게 진행되는 게 내부의 혼선을 줄일 수 있어서, 훨씬 효율적이다.

7

판매망 전략

7장

"이 제품은 중국에서 판매 라이선스가 있어야 합니다."

유럽에서 생산 예정인 신제품의 아시아 지역 마케팅 담당을 할 때의 이야기다. 이 제품은 여러 원료를 배합하여 생산하는데, 그중 하나의 원료가 국제적으로 규제를 많이 받고 있었다. 국가별로 모두 다른 규정이 있어서, 목표 고객의 생산 시설이 있는 몇 개의 국가만을 위해 마케팅 계획을 수립해야만 했다. 로드맵을 작성하고, 실행해 나가던 중 미처 고려하지 못한 문제가 발생했는데, 가장 큰 시장인 중국의 새로운 규제로 인해 이 원료의 판매 라이선스가 있는 기업들만 취급이 가능하다는 것을 알게 된 것이다. 이런 경우는 제약 산업에서는 흔히 볼 수 있지만, 필자가 담당했던 제품은 IT 산업의 고객들을 목표로 하고 있어서 미리 대비하지 못한 것이다. 일단 필자가 다니던 회사의 중국 법인과 기존의 판매 대리점들을 점검해 봤는데, 모두 관련 라이선스가 없어서 적당한 판매 대리점을 찾느라 고생했던 기억이 있다. 경험이 많지 않던 시절에 있었던 일이지만, 매우 값진 교훈이었다. 위의 예처럼, 화학 산업에서 판매망(sales channel)을 결정하고 관리하는 일은 경쟁 우위를 확보하는 것뿐 아니라 사업의 성패를 결정하는 데 매우 중요한 요소일 때가 많다.

비교적 최근까지는 판매망을 관리한다는 개념이 화학 기업들의 전략적 고려 사항은 아니었다. 제품의 원가 경쟁력을 확보하고, 기술 혁신을 도입하는 것만이 무엇보다 중요한 일이었다. 판매망 관리는 비용을 줄이거나 까다로운 고객의 비위를 맞추는 일이라고 여길 뿐이었다. 그러나 기술 혁신을 통한 제품 경쟁력 확보가 매우 어려워지고 고객들의 요구 사항이 복잡해지면서, 판매망 관리는 경쟁 우위를 확보하는 하나의 전략적 요소로 평가받고 있다. 이 장에서는 화학 산업의 가치 사슬 내에 있는 판매망의 핵심 요소들을 이해하고, 마케팅 목표에 부합하는 판매망의 설계와 관리 방법은 무엇인지 살펴보고자 한다.

판매망 전략의 핵심 요소

이 책에서는 판매망(sales channel)과 공급망(supply chain)을 분리하여 판매망에 대한 내용만 살펴볼 예정이다. 〈그림 7-1〉에서

| 그림 7-1 | **공급망과 판매망**

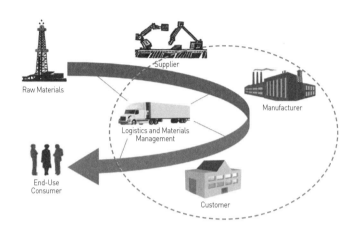

Supplier

Raw Materials

Manufacturer

Logistics and Materials
Management

End-Use
Consumer

Customer

출처: 개인 블로그, www.scottmadden.com

보이듯, 판매망(타원 부분)은 전체 공급망의 한 부분을 의미한다. 전체 공급망을 관리하는 담당자가 별도로 있기 때문에, 마케팅 관리자는 우리의 생산 공장에서 기업 고객의 생산 공장까지의 영역에 집중해야 한다. 이 부분을 마케팅 관리자가 담당하는 이유는(물론, 대부분 공급망 관리자와 협업해야 한다), 화학제품의 기업 고객들이 제품의 운송과 서비스에 있어서 요구 사항이 많기 때문이다. 같은 B2B 산업 중에서도 화학 산업이 갖는 특성이라고 할 수 있다. 도입부의 설명처럼, 제품의 특성상 판매할 수 있는 라이선스가 필요한 경우도 있고, 운송에 대한 규제가 까다로울 때도 있다. 이와 같은 고객의 요구 사항은 모두 우리의 가치

| 그림 7-2 | **기업 규모에 따른 핵심 요구 사항**

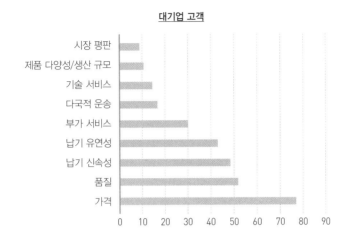

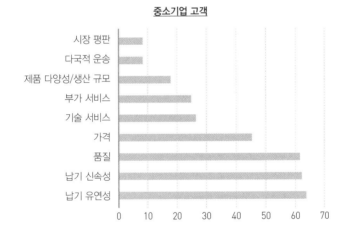

출처: 보스턴 컨설팅 그룹(BCG) 보고서, 2009.

제안에 반영하여 차별화 요소가 될 수 있으므로, 마케팅 관리자가 종합적으로 관리할 필요가 있는 것이다.

화학 산업은 다른 산업에 비해 운송과 보관이 매우 까다롭다. 따라서 모든 지역과 제품에 대해 직접 관리하는 것이 매우 비효율적인 경우가 많다. 화학 기업들이 많은 외부 운송(보관) 전문 기업들 및 판매 대리점들과 파트너십을 맺고 관리하는 배경이다. 마케팅 관리자가 가장 빈번하게 만나는 외부 사람들 중의 하나가 이와 같은 판매 대리점이나 운송 전문 기업들이기도 하다. 판매망의 기능에 대한 설계는 고객의 구매 행위와 요구 사항 등에 따라 다르게 해야 한다. 많은 양의 제품을 구매하는 대기업 고객을 위해서는 자체적인 판매망을 구축하여 원활한 제품 운송을 관리하고 운송비를 절약해야 한다. 반면에, 소량을 구매하는 고객의 경우, 제품의 구매 시기도 일정하지 않거나 다른 제품과의 혼합 배송을 원하는 경우도 있다. 이런 경우를 위해 직접 판매망을 설계하는 것은 매우 비효율적이게 될 것이다. 판매 대리점들과 관계를 쌓고, 관리하는 이유이다. 일반적으로 대부분의 B2B 산업의 환경이 비슷하지만, 화학 산업의 판매망 파트너들은 매우 전문적이고 고객들과의 사업 관계가 잘 형성되어 있다는 것이다. 따라서 이들을 관리할 때 단순히 비용적인 측면에서 접근하기보다 사업 파트너와 시장 전문가라는 점을 고려해야 한다.

〈그림 7-2〉를 보면, 고객 집단의 규모와 구매 수량에 따라 요구 사항에 차이가 있다는 것을 알 수 있다. 이 결과는 B2B 산

| 그림 7-3 | **판매망의 역할**

```
          제품 생산자 ──────────┐
                              │
                              ▼
                          ┌───────────┐
                          │ 제품 구매  │
                          ├───────────┤
                          │   운송    │
                          ├───────────┤
                          │ 창고 보관  │
                          ├───────────┤
                          │ 포장 변경  │ ┐
                          │  (필요시)  │ │
                          ├───────────┤ │  화학 산업 판매
                          │ 원료 배합  │ │  대리점의 특성
                          │  (필요시)  │ │
                          ├───────────┤ │
                          │ 기술 자문  │ ┘
                          ├───────────┤
                          │ 재고 관리  │
                          ├───────────┤
                          │ 납기 관리  │
                          └───────────┘
                              │
                              ▼
                          제품 사용자
```

업과 관계된 고객들을 대상으로 가장 중요한 요구 사항을 모두 표시해 달라는 요청을 통해 수집된 결과이다.

〈그림 7-2〉를 보면, 중소기업 고객들은 제품 납기의 신속성과 유연성을 가장 핵심적인 사항이라고 지적하고 있다. 생산 일정의 가변성이 크다 보니, 원료 재고를 보유하는 대신, 필요할 때 바로 제품을 구매해야 할 요인이 있는 것이다. 고객의 이런 요구는 공급자가 직접 관리하는 것보다 판매 대리점이 더 효율적으로 수행할 수 있다. 판매망의 역할을 좀 더 자세하게 들여다보면, 〈그림 7-3〉과 같다. 그림에서 보듯, 화학제품의 판매망은 단순히 신속하고 안전하게 제품을 운송하는 역할 외에 좀 더 전문적인 활동을 수행하기도 한다. 가급적이면 전문성이 높은 판매 대리점을 선호하는 이유이기도 하다. 물론, 이 과정에서 포장을 변경하고, 다른 원료들과 배합하는 일들은 사전에 공급자와 반드시 협의가 되어야 한다. 품질에 영향을 줄 수 있기 때문이다.

판매망 설계 및 구축 프로세스

판매망 설계를 위한 첫 번째 단계는 관련 서비스에 대한 고객의 요구 사항을 측정하고 가치 제안에 반영하는 것이다. 일반적으로 고객이 원하는 서비스와 그에 맞춘 판매망 설계 사항을 〈그림 7-4〉에서 나타내었다. 그림의 내용을 참고하여 산업과 경쟁 상

| 그림 7-4 | **고객 요구 사항에 대응하는 판매망 설계**

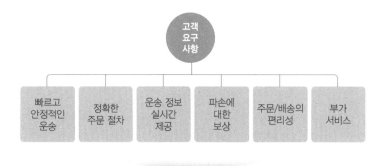

판매망 설계 요소	핵심 내용
고객 서비스	고객의 주문 접수부터 배송까지 전체적인 관리의 효율성
주문 프로세스	편리한 주문 절차와 접근이 용이한 인터페이스 구축
운송 모니터링	빠르고 안정적인 운송 시설 구축 및 실시간 운송 상황을 파악할 수 있는 시스템
재고 조정	제품 보관을 위한 적절한 창고 시설 및 고객의 사용량 예측에 따라 적정 재고 수준 관리 시스템
포장	포장의 안정성 및 편리성, 필요시 고객 맞춤 포장 시스템
제품 책임	적법한 교육을 받고 자격을 가진 담당자에 의해 판매/운송 관리
생산 계획	고객의 사용 예측, 재고 수준, 납기 등을 종합적으로 고려한 생산 계획 수립
생산지 최적화	고객의 생산지 변동과 운송비 등을 고려하여 최적의 생산지 선정

출처: Stock J.R., et al, *Strategic logistics management*, McGraw-Hill, 5th ed.

| 그림 7-5 | 판매망 설계를 위한 고객 세분화 작업

세분시장 고객	직접 판매	전화 판매	온라인 판매	판매 대리점	전체	설명	출처	핵심 목표
A	85	10	5	0	100	공급자와의 높은 기술 지원 요구	…	• 고객 요구에 대응하는 맞춤형 판매망 설계
B	70	10	10	10	100	A 고객 그룹과 비슷하지만, 아시아 지역에 한해 대리점 이용	…	• 비슷한 요구를 하는 고객을 구분해 최적의 판매 대리점과 연결 • 5년 이상의 관리를 위해 장기적인 관점에서 판매망 구축
C	40	30	10	20	100	판매망 최적화를 위한 분석 필요	…	
D	10	20	30	40	100	판매망 재설계 필요	…	
예상 영업 이익 (%)	30	9	12	7	-			

집중 관리 필요

황에 맞는 판매망 설계 요소를 선택해야 한다.

그러나 고객의 요구 사항은 기업의 구매 규모나 산업 내에서의 위치, 경쟁 상황 등에 따라 조금씩 다를 수 있다(〈그림 7-2〉). 이런 관점에서 판매망 서비스와 관련된 고객의 요구 사항들을 기준으로 고객 그룹을 세분화하고 그에 맞는 최적의 판매망 서비스를 설계해야 한다. 고객 세분화 활동에 익숙해졌다면, 이와 같은 분류는 크게 어렵지 않을 것이다. 〈그림 7-5〉는 새로운 엔지니어링 플라스틱의 출시를 계획하면서, 판매망 설계를 위해 실시한 세분화 활동을 정리한 것이다.

판매망 설계를 목적으로 실시한 고객 세분화는 시장 접근 전략을 위한 시장 세분화와 조금 다를 수 있다. 따라서 시장 세분화 작업에 판매망에 대한 변수도 같이 고려하면 두 활동이 유기적으로 연결될 것이다. 〈그림 7-5〉에서 고객 그룹 A와 B는 직접 판매 비율이 압도적으로 높고, 기술 지원에 대한 요구 사항이 크기 때문에 신제품의 판매망도 직접 판매를 기준으로 설계되어야 할 것이다. 그러나 그룹 B와 같이 전 세계에 그들의 생산 공장이 분산되어 있다면, 지역에 따라서 판매망 설계를 달리하는 것도 고려해야 한다. 미국과 유럽의 공장들은 역사가 오래된 곳이 많아서, 철도나 도로와 같은 유통망이 잘 갖추어져 있다. 그러나 아시아 국가의 경우는 인프라가 부족한 곳에 공장이 세워진 곳도 있는데, 이런 경우에는 지역의 판매 대리점을 통해 공급의 안정성을 확보해야 하는 경우가 많다. 그룹 C와 D는 판매망의 구성이 다른 고객 그룹과 차이가 많다. 〈그림 7-5〉에서 보듯, 이 그룹에 속하는 고객들은 요구 사항에 차이가 있기 마련이어서 그에 맞는 판매망을 고려해야 한다. 기존의 판매망이 역할을 잘 수행하고 있고, 역량이 높다면 큰 부담이 없을 것이다. 그렇지 않다면 판매망을 재설계해야 하므로, 이에 대한 분석 작업을 먼저 실시해야 한다.

분석과 평가 작업을 통해 최적의 판매망 설계가 완료되면, 상황에 맞는 판매망을 구축해야 한다. 〈그림 7-6〉은 이와 같은 판매망 구축의 사례를 시각화한 것이다. 그림 위쪽에는 고객당

| 그림 7–6 | **판매망 구축 사례**

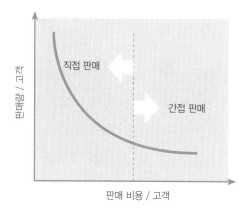

판매 비용
- 생산 원가
- 운송비
- 기술 지원
- 창고비
- 일반 판매비
- 기타 비용

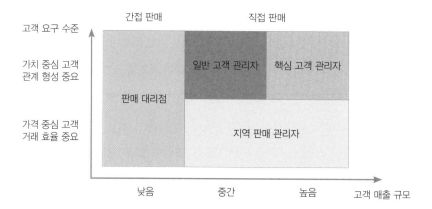

| 그림 7-7 | 화학 판매 대리점의 역할

판매량과 판매 비용을 분석하여 직접 판매와 판매 대리점을 이용한 간접 판매로 구분한 것이다. 기존의 판매망이 잘 작동하고, 판매 대리점들의 역량과 평판에 문제가 없다면, 이와 같이 비교적 간단한 분석으로 판매망을 구축할 수 있다. 어느 지점을 기준으로 나누어야 하는지의 결정은 산업과 경쟁 상황에 따라 모두 다르겠지만, 일반적으로 직접 판매의 매출 비율이 70퍼센트 이하가 되지 않게 조절하는 것이 고객 관리를 위해 효율적이다. 그림의 아래쪽은 고객의 요구 수준을 파악해 가치 중심과 가격 중심 고객으로 분류한 것이다. 그와 더불어 매출 규모를 결합시키면, 고객들의 위치를 표시할 수 있게 된다. 예상 매출 규모가 크고, 목표 고객의 수가 많으면서 고객들의 생산 위치가 전 세계에

| 그림 7-8 | **판매망 구축 프로세스**

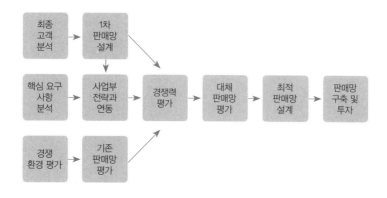

출처: Stern L. (1993), "Channel network restructuring", *European Management Journal*.

퍼져 있을 때, 이와 같이 좀 더 세밀한 판매망을 구축하는 것이
효율적이다.

지금까지 최적의 판매망을 설계하고 구축하는 방법에 대해
살펴보았다. 신제품을 기획할 때, 관련 작업을 뒤로 미루어 출시
시점에 서둘러 판매망을 구축하는 경우가 많다. 이 장의 도입부
에서 얘기했듯이, 글로벌 시장을 목표로 마케팅 활동을 계획한
다면 예상치 못한 상황을 겪을 수 있으니, 시장 접근 전략을 수
립할 때 같이 살펴보는 것이 바람직하다. 또 하나 주의할 것은,
영업 관리자들과의 협업이다. 마케팅 관리자는 영업 관리자들과
협업해야 하는 활동이 많은데, 특히 판매망을 설계하는 과정에
서는 영업 관리자의 의견이 더 많아지고 강해질 것이다. 그들의

의견을 경청해야 하는 것은 당연하지만, 영업 관리자들이 상대적으로 기존의 판매망을 선호한다는 점은 미리 알고 있어야 한다. 그들의 편향이 자칫 최적의 판매망 설계라는 목표와 부합하지 않을 수도 있으니 항상 균형감을 잃지 않도록 해야 한다. 지금까지 살펴본 판매망 설계 및 구축의 프로세스를 〈그림 7-8〉에 정리하였다. 전체 활동을 계획할 때 참고할 수 있을 것이다.

8

마케팅 커뮤니케이션

"신뢰받는 브랜드는 불황에도 가격을 내릴 필요가 없다. 위기일수록 기업 고객들은 확실한 브랜드를 선호하기 때문이다."

글로벌 화학 산업에서 가장 규모가 큰 독일 기업, 바스프(BASF)의 브랜드 담당 임원이 국내 일간지와의 인터뷰에서 한 말이다. 지나치게 솔직한 표현이어서 놀라기는 했지만, 화학 기업과 같은 B2B 산업에서 왜 브랜드를 강화하고, 시장 관계자들과 다양한 의사 소통을 설계해야 하는지 잘 표현했다고 생각한다.

지금은 많은 기업들이 마케팅 커뮤니케이션(marketing communication, 줄여서 MarComm이라고도 한다) 담당 부서가 있어서, 관련 활동을 체계적으로 관리하지만, 10여 년 전만 하더라도 B2B 중심의 화학 기업이 왜 마케팅 커뮤니케이션에 투자해야 하는지 이해하는 사람이 많지 않았다. 목표 고객들과의 직접적인 정보 교환 및 관계 쌓기를 선호하는 화학 기업들에게 불특정 다수와 의사소통 하는 방식은 낯설거나 소비재 산업에서나 필요한 일로 치부되고는 했다. 그러나 인터넷과 SNS 등이 정보 교환의 핵심 플랫폼이 되면서, 제품 정보를 탐색하고 공급처의 평판을 조회하는 고객들의 방법이 많이 달라졌다. 고객의 정보 접근성이 획기적으로 개선된 것이다.

한 번은 국내 최대 자동차 부품 회사 구매 담당자의 일정을 보고 놀란 적이 있다. 구매 부서는 전통적으로 내근을 주로 한다고 알려졌는데, 이 담당자의 출장 일정이 매우 빡빡한 것이다. 중국과 동남아시아의 일정이 많아서 이유를 물어 봤더니, 다음과 같은 답을 얻었다.

"그 지역의 소규모 공급 업체들의 제품 품질이 많이 좋아졌어요. 직접 가서 생산 역량을 확인해 보려 합니다."

고객의 구매 행위가 달라졌다는 것을 확실하게 깨닫게 된 계기이다. 고객의 구매 행위가 달라졌다면, 공급자의 역할과 활동도 당연히 그에 맞추어져야 한다. 지금까지 해오던 방식이 과연 디지털 시대에도 유효한지 점검해야 할 상황이 된 것이다. 바스프와 같은 시장 선도 기업이 자신의 위치를 방어하기 위해 브랜드를 강화한다면, 후발 기업들은 고객과의 접점을 넓혀 나가면서 점유율 확대를 원할 것이다. 마케팅 관리자의 희망 사항 중 하나는 '고객이 스스로 다가오도록 만드는' 일인데(inbound marketing), 의사소통 플랫폼을 잘 구축하면 더 이상 꿈같은 얘기만은 아니다. 물론, 강력한 콘텐츠(contents)를 설계하는 것이 먼저이다. 희미한 모습으로 고객의 관심을 끌어내지는 못하기 때문이다. 이 장에서는 마케팅 커뮤니케이션의 핵심 사항과 활동에 대해 살펴본다.

마케팅 커뮤니케이션의 개념과 프로세스

마케팅 커뮤니케이션은 기업 조직이 다양한 고객 그룹들과 의사소통 하는 모든 활동을 총칭하여 부르는 개념이다. 공급자들은 고객들의 성향과 환경을 분석하여 자사 제품에 대한 최적의 콘텐츠와 이의 전달 방법을 선택하고 평가한다.

본격적인 논의 전에 의사소통에 관한 일반적인 사항부터 살펴볼 것이다. 의사소통은 〈그림 8-1〉과 같이 메시지와 전달자, 그리고 수용자를 중심으로 이루어진다. 화학 산업에서의 의사소통은 조금 더 복잡할 수 있는데, 시장 접근 전략에서 보았듯이, 산업 내의 이해관계자가 매우 다양하기 때문이다. 또한 경쟁이 심해지면서 정보 왜곡과 같은 잡음이 커지기도 한다.

몬산토(Monsanto)는 세계 최대의 농화학 회사 중 하나이다. 이 회사는 제초제와 같은 농약과 함께 유전자 변형 작물(GMO)의 최대 공급자이기도 하다. 이 회사는 글로벌 시장에서 수많

| 그림 8-1 | **의사소통 모델**

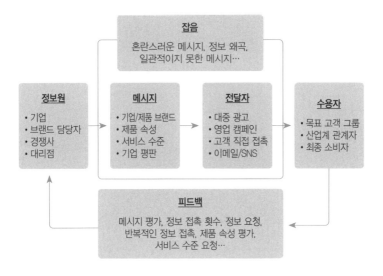

은 경쟁 업체들을 인수 합병하여 현재의 시장 지배적 위치를 차지하였고, 종자와 농약을 묶어 팔면서 엄청난 성공을 거두었다. B2B 시장의 성공 공식을 완벽하게 수행한 것이다. 그러나 항상 문제가 잇따랐다. 이와 같은 사업 모델의 불합리성을 시민단체와 연구소에서 끊임없이 지적하고 정부에 압력을 행사한 것이다. 이들의 독점적 위치로 인해 종의 다양성이 줄어들고 소비자들이 위험한 화학제품에 노출된다는 논리였다. GMO의 안정성에 대한 논란도 끊이지 않는다. B2B 산업의 경쟁 우위 확보와 전통적인 커뮤니케이션 방식에만 집중하다가, 일반 소비자들에게 반감을 사게 된 것이다. 노력을 안 한 것은 아니다. 기아 근절을

| 표 8-1 | 마케팅 커뮤니케이션 요소: 산업재 vs 소비재

관리 요소	소비재	산업재
커뮤니케이션 목적	소비자의 인식 변화	제품 속성 / 서비스 수준 정보 전달
메시지 구성	감성적	논리적
주요 전달 수단	광고와 홍보 캠페인	직접 마케팅 / 방문 설명
고객 평가 / 반응 시간	즉흥적 / 단기간	복합적 / 장기간
부정적 평가 전달 범위	고객 주위의 소수	관련 산업계 전반
예산 관리자	홍보 부서 / 브랜드 관리자	영업 관리자 / 마케팅 커뮤니케이션 관리자

위한 캠페인을 펼치면서 기업 브랜드를 우호적으로 만들기 위해 애쓰기도 했고, 각 지역에서 자선 활동도 활발하게 진행하였다. 그러나 상황을 반전시키지는 못한 것 같다(2016년에 독일의 바이엘이 몬산토의 인수 합병을 발표하였다). 몬산토 제품의 기술적 효용과 안전성에 대한 평가와는 별도로, 이 사례는 커뮤니케이션의 중요성을 화학 산업에 알리게 된 중요한 계기가 되었다. 산업재라는 환경에 안주해 커뮤니케이션을 효율적으로 관리하지 못하면, 문제가 표면에 나타났을 때는 적절히 대응하기에 너무 늦을 수 있다. 〈표 8-1〉은 B2B와 B2C 시장에서 마케팅 커뮤니케이션의 서로 다른 점을 정리한 것이다. 기업 콘텐츠에 대한 수요

| 그림 8-2 | **제품 수명 주기별 마케팅 커뮤니케이션 조정**

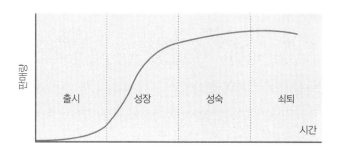

	출시	성장	성숙	쇠퇴
마케팅 목표	• 고객 개발 및 시험 평가	• 시장 점유율 확대 • 판매망 구축	• 시장 포지션 강화 • 고객과 판매망들과 우호적 관계 유지	• 이익률 관리 • 대체/보완 제품 검토
커뮤니케이션 목적	• 제품/브랜드 인지도 확보 • 목표 고객의 관심 유도	• 브랜드 선호도 강화 • 초기 성공 사례 전달	• 제품 사용량 확대 • 다른 제품으로 사용 경험 전이	• 홍보 최소화 • 브랜드 이미지 관리
커뮤니케이션 전략	• 직접 방문 • 전문 잡지 광고 • 세미나 / 박람회 • 인터넷 광고	• 전문 잡지 광고 • 직접 방문 • 영업 캠페인	• 전문 잡지 광고 • 판매망을 통한 홍보 • 직접 방문	• 미디어 노출 삭감 • 판매망을 통한 홍보

와 요구가 확대되는 현 상황에서, B2B 마케팅 관리자들도 표에서 보이는 요소들을 적극적으로 고려하여 커뮤니케이션을 설계해야 한다.

이 책에서 제품의 수명 주기에 따른 마케팅 활동의 조정에 대해 이미 여러 차례 언급하였다. 제품 수명 주기는 그만큼 마케팅 활동에 큰 좌표를 제시한다. 마케팅 커뮤니케이션도 제품 수명 주기에 영향을 받는다. 각 주기에 따라 마케팅 목적이 달라지기 때문인데, 담당하는 제품의 종류가 많다면, 주기에 따른 활동 계획을 정기적으로 점검해 볼 필요가 있다(〈그림 8-2〉 참고).

화학 산업에 효과적인 브랜드 전략은 무엇인가?

그렇다면, B2B 사업 환경을 기초로 고객들을 위한 효과적인 브랜드 활동은 무엇인지 살펴보자. 시장에 새로 진입하려는 스타트업 회사들은 시장 점유율 확보가 최우선 목표일 것이고, 그에 맞는 틈새시장을 찾아야 한다. 브랜드에 투자할 이유도 없고, 아마도 자원도 없을 것이다. 즉, 브랜드를 강화한다는 것은 시장 지배 기업이 경쟁 환경에서 리더의 위치를 차지하고자 하는 것이 가장 큰 목적이라는 것이다. 앞의 도입부에서 언급한 바스프의 사례와 부합한다. 확실한 브랜드는 구매 승인 과정에서도 담당자들의 심리적인 부담감을 덜어줄 수 있다.

기업의 브랜드는 내부 자원의 활용에도 큰 도움이 된다. 선도 기업에서 일한다는 자부심을 심어줄 수 있기 때문이다. 경향 광고 대상은 한국에서 비교적 오래된 광고/브랜드 관련 시상인데, 2015년의 브랜드 대상은 LG화학에게 돌아갔다. "당신이 꿈꾸는 것, 모두 화학입니다"라는 주제로 여러 혁신 제품에 LG화학의 제품들이 기여하고 있다는 점을 시각화하였다. 한국의 시장 선도 기업으로서 내/외부의 관계자들에게 우호적인 이미지를 전달했다는 점은 높이 평가를 받을 만하다. B2B 산업에서 기업 브랜드 활동의 좋은 사례이다.

그러나 이와 같은 기업 브랜드 활동은 제품을 담당하는 마케팅 관리자의 업무가 아닌 경우가 많다(기업의 홍보 부서가 주로 담당한다). 그렇다면, 개발 중에 있는 신제품의 브랜드를 효과적으로 설계하는 방법은 무엇인가? 몇 가지 방법이 있겠으나, 소재 브랜드(ingredient brand) 성공 사례에 주목할 필요가 있다. 소재 브랜드는 소재나 부품 기업이 자사의 브랜드를 최종 제품에 포함하여 최종 소비자에게 노출시키는 것이다. 가장 대표적인 사례는 거의 모든 컴퓨터에 붙어 있는 인텔의 브랜드이다(Intel Inside). 최고의 반도체 기업이면서 기술 혁신 기업인 인텔의 중앙처리장치(CPU)가 포함된 컴퓨터라는 의미인데, 개인 소비자들에게 전체 제품의 신뢰성을 높여 주는 효과가 있다. 이와 같이 소재 브랜드는 직접적으로 개인 소비자와 관계를 쌓기 어려운 B2B 업체들이 원료의 핵심 가치를 전달하고자 할 때 사용하는 매우 유용한 방법이다(〈그림 8-3〉 참고).

| 그림 8-3 | **소재 브랜드 개념**

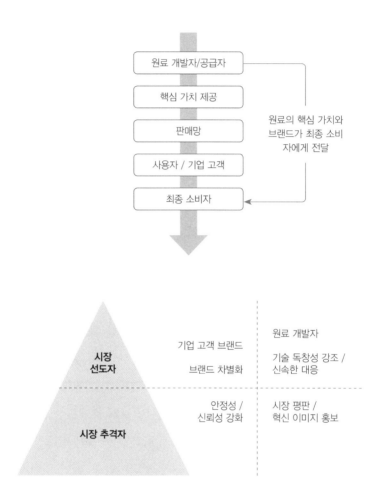

그렇다고 해서 소재 브랜드가 모든 제품에 적용이 가능한 것은 아니다. 몇 가지 조건을 간추려 보면,

■ 개인 소비자들이 명확히 구분할 수 있는 기능적 효용이 있어야 한다.

■ 최종 제품의 원료로서 독점적이거나 핵심적인 경쟁 위치를 차지해야 한다.

■ 장기적인 브랜드 인지도 상승이 목표여야 한다.

■ 소재 브랜드에 대한 꾸준한 투자가 최종 제품의 매출 상승 효과로 나타나야 한다.

이제 몇 가지 사례를 살펴보도록 하자. 가장 주목할 만한 소재 브랜드 사례는 합성섬유를 개발하는 기업인 고어(W.L. Gore)이다. 1958년 미국에서 시작한 섬유 원단 회사로, 우리에게는 '고어텍스(Gore-Tex)'라는 브랜드로 유명하다(〈그림 8-4〉).

'고어텍스'는 아웃도어 의류와 신발에 특화되어 있는 제품인데, 관련 시장이 급속하게 성장하면서 브랜드의 가치도 상승한 사례이다. 인텔의 CPU처럼 제품의 기술적 효용이 탁월하여 확고한 경쟁 위치를 차지하게 되었다. 지금은 '고어텍스'가 붙어

| 그림 8-4 | 소재 브랜드의 대표 사례: 고어텍스

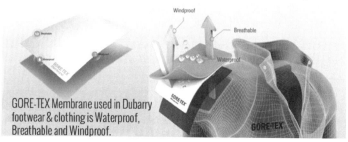

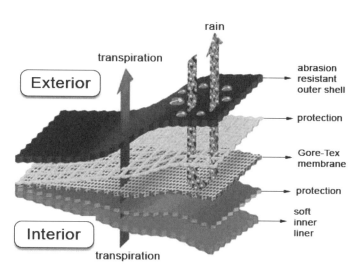

출처: W.L. Gore

| 그림 8-6 | **소재 브랜드 실행의 장/단점**

- 독점 사용권
- 소재 기업에 대한 협상력 우위
- 브랜드 가치 상승
- 이익률 상승

기업 고객 요구 　 소재 기업 요구

- 용도 확대
- 특허권 보호
- 기업 고객에 대한 협상력 우위
- 이익률 상승

장점	단점
성공적으로 안착하면 강력한 경쟁 우위 확보	개인 소비자가 인식한 후에 브랜드의 확장성이 떨어진다
고가 정책 가능	브랜드를 장기적으로 유지하기 위한 비용이 커지게 된다
신규 대체재를 방어할 수 있는 진입 장벽 강화	브랜드 관리가 다른 마케팅 활동과 충돌할 수 있다
기업 고객들의 브랜드와 동조화 가능	기업 고객들의 브랜드 가치가 하락하면 동반 하락

출처: Turner J. (2014), "Ingredient branding: A win-win situation or a zero-sum game?", DSM.

있지 않은 제품을 찾아보기 어려울 정도로 확산되었으며, 일부 소비자들은 소재 브랜드가 아닌 완제품의 브랜드로 착각하는 경우도 있다. 섬유 산업은 화려한 시절을 지나 성숙기나 쇠퇴기에 있다고 여겨지는데, 이런 환경 속에서도 새로운 기술 혁신의 가능성을 확인해 준 매우 성공적인 사례이다.

　　소재 브랜드의 성공 사례는 과거에도 있었다. 지금은 거의 일반명사가 된 듀퐁의 '테플론(Teflon)'이 그 예이다. 이 제품은 대표적인 불소수지 중 하나이며, 1938년에 처음 개발되었으니 그만큼 역사가 긴 제품이다. 이 제품은 가공성과 성형성이 뛰어나고 가공 후 표면 장력이 낮아서 다양한 분야에서 지금도 활발하게 응용되고 있다.

스판덱스 원단인 'Lycra'(Invista)는 각종 운동복과 속옷 등의 시장에서 광범위하게 사용되고 있고, 스포츠 물병과 같은 식음료 포장 용기에 들어가는 'Tritan'(Eastman Chemical)도 소재 브랜드의 대표적인 성공 사례로 손꼽힌다. 일반 소비자들도 한 번쯤은 들어봤을 브랜드이다. 신제품을 출시하거나 기존 제품의 리브랜딩을 계획하고 있다면, 위에서 소개한 소재 브랜드로서의 가능성을 고려해 봐야 한다. 물론, 최우선적으로 고려해야 할 것은 기업 고객들과의 협상력일 것이다. 소재 브랜드에 대해서 기업 고객들은 우리와는 다른 요구를 가지기 때문이다. 소재 브랜드 활동의 장/단점과 기업 고객과의 협상력에 대한 상황을 〈그림 8-6〉에 정리하였다. 이와 같은 사항들을 잘 고려하여 신제품의 브랜드 전략을 설계해 보길 바란다.

마케팅 커뮤니케이션 믹스

소재 브랜드가 강력한 커뮤니케이션 수단인 것은 맞지만, 적용이 가능한 제품은 매우 제한적이다. 따라서 소재 브랜드에 적합

| 그림 8-7 | **마케팅 커뮤니케이션 요소**

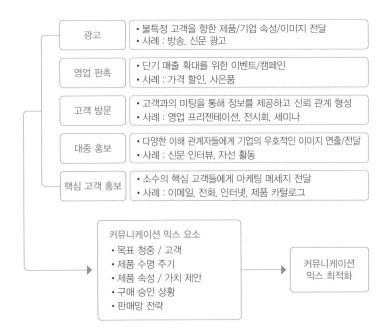

하지 않은 제품의 마케팅 관리자는 핵심 콘텐츠의 전달 수단을 여러 방면으로 고려해야 한다. 단일 수단이 아닌, 여러 전달 수단을 종합하여 최적의 수단을 설계하고 그에 맞추어 마케팅 자원을 할당하는 것을 커뮤니케이션 믹스(communication mix)라고 한다.

마케팅에서 사용하는 전달 수단과 고려해야 할 사항을 〈그림 8-8〉에 정리하였다. B2B 산업에서는 여전히 고객을 직접 방문하거나, 핵심 고객만을 추려서 홍보하는 것을 선호한다. 가장

| 그림 8-8 | **구매 승인 단계별 전달 수단 효과**

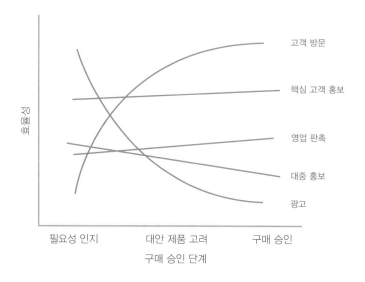

효과가 높은 전달 수단인 것이다. 그러나 각각의 전달 수단은 고객의 구매 승인 단계에 따라 그 효과가 다를 수 있다. 따라서, 커뮤니케이션 믹스를 최적화하기 위해서는 〈그림 8-8〉을 참조하여 시기별로 마케팅 활동을 설계해야 한다.

　이와 더불어 최근에는 SNS 플랫폼이 커뮤니케이션 믹스의 핵심으로 떠오르고 있다. 이미 몇 개의 SNS 플랫폼이 대다수의 사용자를 유치하고 있는 상황에서, 이들 플랫폼은 대단히 강력한 의사소통 수단이 되고 있다. 이에 대한 대응으로 일부 기업들은 SNS 전담팀을 구축하여 중요한 콘텐츠나 신제품 출시 계획을 목표 고객에게 전달하고 있다. 기업의 블로그(Blog)도 매우 유용

| 그림 8-9 | 대규모 전시회을 통해 고객과 소통하는 모습

한 수단이 되고 있다. 블로그는 일반적으로 기술적이고 전문적인 내용들로 구성되는데, 인터넷 포털과 협력하여 고객이 원하는 정보를 찾기 쉽게 할 수 있다. B2B 산업의 고객들에게는 매우 유용한 수단이므로, 커뮤니케이션 믹스를 설계할 때 고려해 볼 만하다. 지금까지 살펴본 내용을 〈그림 8-11〉에 정리해 보았다.

B2B 마케팅의 여러 활동이 낯설게 받아들여지는 환경 속에서, 마케팅 커뮤니케이션 활동은 더욱 익숙하지 않은 분야이다. 매출 규모가 크지 않은 기업은 여전히 과거의 방식인 직접 방문만을 고수하며, 변화를 탐색하지 않을 가능성도 매우 높다. 그러나 이 부분의 중요성이 점점 커지고 있는 것은 부인할 수 없는

| 그림 8-10 | 소셜 미디어는 가장 중요한 커뮤니케이션 도구가 되고 있다(LinkedIn 사례)

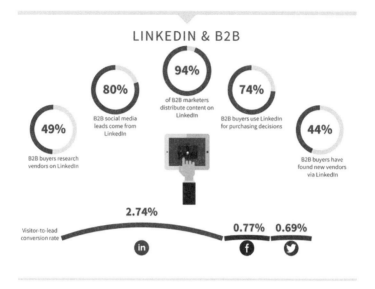

사실이다. 최근에는 관련 활동을 최적화하기 위해 인공 지능 기술의 도입도 활발하게 논의되고 있다. 현재의 기술 개발 속도로 보면, 2020년경에는 프로토타입(prototype)을 보게 될 것으로 예상한다. 고객의 성향을 분석하고 최적의 마케팅 정보를 스스로 설계하는 것이다. 마케팅의 중심이 제품 기획 영역에서 커뮤니케이션으로 전이되는 것도 충분히 예상해 볼 수 있다. 아직 성숙되지 않은 분야이지만, B2B 마케팅 활동에서 가장 유망한 분야이므로, 처음 입문하는 사람들은 이 분야의 역량 강화에 집중해 보라고 조언하고 싶다. 10년 뒤에는 매우 강력한 무기가 될 것이다.

| 그림 8-11 | **마케팅 커뮤니케이션 설계**

마케팅
커뮤니케이션
목표 수립

실행 계획 /
예산 수립

마케팅
커뮤니케이션
믹스 선정

커뮤니케이션
믹스 최적화

목표 고객 / 수용자 선정

커뮤니케이션 전략 / 목적

전달 수단 선택

예산 확보

커뮤니케이션 믹스 선택

실행 / 모니터링

결과 분석 및 피드백

마케팅 커뮤니케이션 믹스 핵심 요소

- 시장 및 제품 환경 분석
- 목표 구매자의 구매 승인 단계
- 제품 수명 주기 분석

마케팅 커뮤니케이션 특성

광고	핵심 고객 홍보
• 설득력이 높다 • 핵심 사항의 강조 • 불특정 다수	• 고객 맞춤 메시지 • 최신 정보 공개 • 상호 의존성이 높음
영업 판촉	고객 방문
• 할인 및 보상 판매 • 단기 매출 증가 목표 • 구매 승인이 완료된 고객 목표	• 기존 사업 관계 영향 • 빠른 피드백 • 개인 역량 의존도 높음
대중 홍보	구전 효과
• 기업 신뢰성 상승 • 제품 속성과 기업 이미지 일치 • 고객의 감성을 자극	• 신뢰성이 높음 • 피드백 시간 예측이 어려움 • SNS 도구 발전

9

마케팅 전략 수립과 로드맵

"잠재 고객의 관심을 이끌어내고, 핵심 고객들과 신뢰 관계를 강화하는 것."

"시장 상황과 제품 속성을 분석하여 최적의 마케팅 전략을 수립하는 것."

첫 번째 표현은 대략 15년 전 마케팅 담당자가 되었을 때 미국 본사의 담당 임원에게 들었던 말이다. 마케팅과 영업의 역할 구분에 대해 질문했는데, 좀 엉뚱한 답을 들은 셈이다. 물론 잘못된 표현은 아니다. 경험이 쌓여 갈수록 잠재 고객의 중요성과 신뢰 관계를 강화하는 것이 얼마나 중요한지 깨닫게 되기 때문이다. 그러나 여전히 명쾌한 답변은 아닌 것 같다. 그렇다면 두 번째 표현은 어떤가? 눈치 챘을지 모르지만, 2년 전에 비슷한 질문을 누군가에게 받았을 때 내가 했던 대답이었다. 나름 명쾌하

| 그림 9-1 | 화학 산업의 미래에 대해 토론하는 독일의 메르켈 총리

다고 생각했는데, 질문한 사람의 표정을 보니 그렇지 않았던 것 같다. 그렇다면, 지금 같은 질문을 받는다면 어떨까? 머리말에서 얘기했듯이, 이 점이 이 책을 준비하게 된 배경이다. 지금까지 마케팅 전략 수립을 위한 개별 활동들과 핵심 요소들을 살펴보았다. 개별 활동이라고 해도 마케팅이라는 큰 울타리 안에서 상황에 맞게 유기적으로 서로 얽혀 있게 된다. 이제 마지막 장이다. 9장에서는 지금까지 살펴보았던 내용들을 종합하여 정리하고자 한다. 그에 대한 최종 결과물은 마케팅 로드맵이 될 것이다.

마케팅 활동을 잘 수행하기 위해서는 내부 자원에 많이 의지하게 된다. 고객들과의 접점을 유지하기 위해서는 영업 관리자와 조율해야 하고, 제품의 속성을 설계하기 위해서는 기술 개발 관리자와 협업해야 한다. 그 외, 생산 관리자, 공급망 관리자, 사업부 책임자 등등…… 한 조직의 대부분의 부서와 서로 얼굴을 맞대고 협의해야 한다. 협의 후에 최선의 결정을 내려야 하고, 결정들에 대해 외부의 고객과 내부의 담당자들을 설득해야 한다. 상당한 권한과 지원이 필요한 일이다. 마케팅 부서로 옮길 계획이 있다면, 우리 조직의 마케팅 부서가 이런 권한과 지원을 가지고 있는지 파악해 볼 일이다. 굳이 이런 말을 하는 이유는 마케팅 전략의 성공에 가장 중요한 요소이면서도 잘 드러나지 않기 때문이다. 그렇다고 해서, 상황이 나쁜 것은 아니다. 수차례 얘기했듯이, 속도의 차이는 있겠지만, 화학 기업들은 차츰 마케팅 중심 조직으로 변모해 가고 있기 때문이다. 이제, 마케팅 활동의 총합이라고 할 수 있는 전략 수립과 로드맵 작성에 대해 살펴본다.

마케팅 전략 수립 프로세스

기능적인 관점에서 보자면, 케미컬 마케팅은 크게 7가지의 개별 기능들의 유기적인 조합이다. 필요하다면 3장으로 돌아가 〈그림 3-1〉을 참고하기 바란다. 규모가 작은 기업이 아니라면, 이 7가지 활동을 한 관리자가 담당하지는 않을 것이다. 그렇다면, 이직률이 높을 테니 말이다. 그러나 신제품을 기획하는 단계에서는

| 그림 9-2 | **B2B 마케팅 전략 수립 프로세스**

기업 / 사업부 전략	• 사업부 미션 / 비전 • 고객 관계 목표 설정 • 기업/사업부 전략

제품 설계 / 생산 역량	**시장 조사 및 분석**	• 시장 / 기술 동향 • 시장 / 고객 세분화 • 산업 구조 분석 • 핵심 고객 구매 센터 / 프로세스 분석 • 시장 접근 전략
	가치 제안 설계	• 고객 사업 환경 분석 • 제품 속성 설계 • 기술 개발 역량 • 가치 제안 사항 • 고객 협력 및 서비스 수준 강화

	핵심 제안 사항	**홍보**	**핵심 제안 사항**

고객 개발 /
관계 관리
역량
	시장 평판 관리
	• 판매 후 서비스
	• 고객 요구 / 불편 사
	  항 반영
	
	판매망 관리
	• 고객 요구 사항 분석
	• 기본 판매망 평가
	• 최적의 판매망 설계
		**마케팅
		커뮤니케이션**
		• 브랜드 전략
		• 커뮤니케이
		  션 믹스 최
		  적화
			가격 모델
			• 가격 전략
			• 가격 모델 수립
			
			제품 포트폴리오 관리
			• 제품 경쟁력 분석
			• 포트폴리오/제품 수
			  명 주기 관리
			• 신제품 개발

고객 경험 강화	고객 경험 분석 / 마케팅 전략 반영

기업 역량 : 기업 문화, 의사 소통 수준, 기술 개발 역량, 사업부 관리 수준, 평가 기준, 팀 역량

9장 마케팅 전략 수립과 로드맵

출처: Bain & Company

203

보통 한 마케팅 관리자가 배정되어 전체적인 전략을 수립해 나가는 경우가 많다. 업무량의 조절이 가능하고, 전략적인 방향의 수립부터 이루어져야 하기 때문이다. 3장에서 마케팅 전략 수립의 대체적인 절차를 간단하게 소개했지만, 마케팅 전략은 관련 기능들의 유기적인 관계를 파악하고 활동의 선후를 배열하는 일이다. 단순한 배열에서 그치는 것이 아니라, 그 활동을 잘 수행할 자원을 할당해야 하고, 예상 가능한 목표치와 평가 기준을 같이 마련해야 한다. 신제품 기획 초기에 해야 하는 일이고, 각 활동을 시간순으로 배열한 것이 마케팅 로드맵이다.

로드맵 작성에 들어가기 전에, 다시 한 번 화학 마케팅 전략의 전체적인 프로세스를 살펴보려 한다. 산업과 경쟁 상황에 따라 프로세스가 다를 수 있지만, 마케팅 관리자는 이와 같은 전체 프로세스를 항상 염두에 두고 개별 활동을 실행해야 한다. 앞에서 말했듯이 마케팅 관리자는 다양한 내/외부 이해 관계자와 협업해 나가야 하는데, 본인이 방향을 잃어버리면 전체적인 혼선을 피하기 어렵기 때문이다. 〈그림 9-2〉는 이와 같은 프로세스를 정리한 것이다.

마케팅 전략 수립을 계획하고 있다면, 〈그림 9-2〉가 좋은 참고 자료가 될 것으로 기대한다. 주의할 것은 화살표의 방향이다. 그림에서는 어쩔 수 없이 한 방향의 화살표로 표시하였는데, 자칫 활동들이 서로 단절되어 있다는 오해를 제공할 수 있다. 즉, 사업부의 전략이 없으면 시장 조사를 할 수 없는 것처럼 표현된 것이다. 실제로는 그렇지 않다. 각각의 활동들은 서로 연결되어 있고, 최근에는 활동들 간의 연결성이 매우 역동적으로 변하고 있다. 전체 활동을 총괄해야 하는 마케팅 관리자의 역량이 중요해진 배경이다.

〈그림 9-2〉를 자세히 들여다보면 사실 중요하지 않은 일이 없다. 그러나 상황에 따라 마케팅 관리자가 더욱 집중해야 하는 일들이 생기기 마련인데, 대부분의 활동들은 내/외부의 조언과 협력을 받아서 진행할 수 있으나(아웃소싱하는 경우도 있다), 몇 가지는 마케팅 관리자가 책임지고 완수해야 한다.

- 시장 접근 전략(go-to-market strategy)

- 가치 제안(value proposition)

- 신제품 가격 전략(pricing model)

- 판매망 전략(sales channel strategy)

위의 4가지 사항에 대한 회의는 빠지지 말고 참석해야 하며, 마케팅 관리자가 책임지는 활동이라는 것을 다른 관리자들에게 미리 동의를 받아야 한다. 그렇지 않으면, 프로젝트가 진행되면서 관계자들 사이에 잡음만 커지고, 전략적 방향을 잃게 되는 위험이 매우 크다.

관련 활동들을 원활히 관리하는 방법 중의 하나는 구체적

| 표 9-1 | B2B 마케팅 믹스 모형

		최종 선택	마케팅 관리자	기술 개발 관리자	생산 관리자	영업 관리자	공급망 관리자	사업부 임원
제품	핵심 속성							
	제공 성능							
	안정성							
가격	정가							
	할인 구조							
	지불 조건							
생산	생산지 위치							
	설비 기준							
	생산 수량							
기술 지원	기술 개발 로드맵							
	개발 파트너십							
	고객 교육							
	응용 범위 확대							
판매망	운송 조건							
	판매 대리점							
커뮤니케 이션	브랜드 전략							
	고객 관계							
	시장 평판							

인 협의 사항을 기록하는 것이다. 전통적인 마케팅 이론에서는 영어의 P로 시작하는 4가지 요소들을 묶어 4P(Product, Price, Place, Promotion)를 마케팅 믹스로 정의하는데, B2B 산업은 이보다는 조금 더 확장된 마케팅 믹스를 고려해야 한다. 실제 업무에서 사용하는 마케팅 믹스의 참고 자료를 〈표 9-1〉에 정리하였다. 산업에 따라 고려 사항이 다르고, 실제로는 더 다양한 사항이 있겠지만, 어렵지 않게 적용해 볼 수 있을 것이다.

각각의 관리자들이 모든 선택에 관여하는 것은 아니다. 예를 들어 공급망 관리자가 기술 지원에 해당하는 사항을 깊이 고려하지는 않을 것이다. 따라서 마케팅 관리자는 핵심 선택 사항에 대한 의견 조율 그룹을 만들어 개별적으로 관리해 나가야 한다. 표의 각 셀에 들어갈 내용들은 프로젝트가 진행될수록 계속 변경되는데, 이 사항들을 시기별로 정리해 놓으면 불필요한 혼선을 줄이면서 전략적인 방향이 더욱 분명해질 것이다.

마케팅 로드맵은 어떻게 설계하고 실행하는가?

로드맵의 기능과 효용에 대해서는 이미 5장의 제품-기술 로드맵에서 언급한 바 있다. 마케팅 로드맵도 다르지 않다. 핵심 마케팅 활동들을 시간에 따라 배치하고, 개별 활동들의 역학 관계와 우선순위를 표시한다. 여기까지 작성한 것은 마스터 플랜으로 설

| 그림 9-3 | **마케팅 로드맵 모형**

	T0	T1	T2	T3	T4
제품 속성					최우선 활동 중간 순위 하위 순위
가격 모델					
고객 개발					
MarCom					
파트너십					

| 그림 9-4 | **다국적 화학 기업의 마케팅 로드맵 사례**

	2014	2015	2016	2017	2018	2019	〉2019
Solution Offering	Product solution A Gen 1		System Solution	Bundling with complementary products			
		Product Solution Gen 2		Service package			
	System Solution X Gen 1			System Solution Y Gen 1			
		Sales training		Web packages for do-it-yourself			
		Complementary additives		All-in-one system X package			
			Product Solution B Gen1				
				Product Solution B Gen 2			
		Do-it-yourself kit US	Do-it-yourself kit Pacific				
Value Capt		Competitive intelligence DB		Co-branding EU Distribution Landing Page			
		Forward integration to system					
Capabilities		Stocking strategies & distribution network					
		Business Rules pilot			Web enabled e-marketplace		
			On-time deliveries 〉98% or MTS				
			Application lab in each regios				
Market Adoption			Co-branding agreement		Cust satisfaction surveys		
	Channel partner identification	Channel agreements					
		Customer service					
		Trade show presence/paper		On-line ordering			
		Industry association membership					
		Sampling		Local Tech Service setup			
		Direct sales training					
Partnerships		Equipment provider in EU/US			Notification of price expiration		
			Equipment provider in APAC				
	Trend setter network	Industry standard organization chairing					
		Toll-MFG set up	Pilot Product bundling hub with XY				
				Tier compounder agreement			
		South America license agreement					
				End-of-life recycle network			

출처: SABIC 미래 전략 팀

정하고, 내부 관계자들과의 의사소통과 진척 상황을 점검하기 위한 도구로 사용한다. 세부 활동 계획은 별지를 만들어 필요할 때 내부 자료로 사용하면 된다. 간단해 보일 수 있지만, 익숙해지기까지는 시간과 노력이 필요하다. 무엇보다 여러 이해 관계자들이 관여하기 때문에 심도 깊은 토론과 동의가 필수적이다. 〈그림 9-3〉은 일반적인 마케팅 로드맵의 모형을 나타낸 것이다.

로드맵 작성을 위한 표준화된 프로세스가 있는 것은 아니지만, 몇 가지 사항은 주의할 필요가 있다.

■ 마케팅 활동의 효과는 단기간에 나타나지는 않는다. 3~5년의 기간을 두고 작성하는 것이 좋다.

■ 마케팅 활동은 서로 유기적으로 연결되어 있기 때문에 활동들 간에 중복이 일어나는 경우가 있을 수 있다. 중복되는 요소를 피해 최대한 간결하게 작성해야 한다.

■ 꼭 필요한 활동인데, 이를 실행할 내부 역량이 부족할 수 있다. 이럴 경우, 역량을 강화하는 방안에 대해 같이 표시하고, 관계자들의 동의를 받아야 한다.

마지막으로 로드맵을 꼭 작성해야 하는지 물어보는 경우가 있다. 그렇지 않다. 마케팅 활동을 모두 조정하고 관계자들과 협의할 수 있는 다른 도구가 있다면 로드맵을 사용하지 않아도 무방

하다. 그러나 복잡하고 다양한 마케팅 활동을 효과적으로 조정하고 점검하는 도구로서 로드맵이 매우 훌륭한 것도 사실이다.

　　로드맵은 정기적으로 점검되어야 한다. 사업 환경 및 경쟁 상황의 역동성이 커지다 보니, 마케팅 전략이 마치 살아 있는 것처럼 움직인다는 인상을 받을 때도 있다. 그렇다고 너무 자주 점검하는 것은 오히려 비효율적이다. 일반적으로 3개월 혹은 6개월 단위로 점검하는 것이 가장 효과적이다. 〈그림 9-4〉는 다국적 화학 회사의 신제품 개발을 위한 마케팅 로드맵 작성 사례이다. 앞에서 설명한 것처럼 핵심 활동들을 시간별로 구분하고, 개별 활동들을 배치하였다. 각 활동들은 우선순위에 따라 다른 색깔로 구분하여 관리하기 쉽게 조정하였다. 전체 마케팅 계획을 세우고 로드맵을 작성하는 관리자가 참고할 만한 자료이길 바란다.

1장 화학 산업이란 무엇인가?

Matthew, D.E.; Newman, W.R.; Mauskopf, S.(2014). "Chemical Knowledge in the Early Modern World", Chicago: University of Chicago Press.

Rowe, David(1998), "History of the Chemical Industry 1750 to 1930", University of York.

KIET report, 『독일 화학산업의 경쟁력 원천과 시사점』, 산업경제분석.

Murmann, J.P.(2002), "Chemical Industries after 1850", Oxford Encyclopedia.

『플라스틱의 역사』, 한국플라스틱 저장용기협회.

CEFIC 2016, "Guide to the business of chemistry", *American Chemistry Council.*

Essential Chemical Industry, Online edition.

www.worldofchemicals.com

UN 보고서(1987), "Our common future."

BASF, "Methodologies and strategies for the sustainable development of green chemical processes."

National Research Council(2006), "Sustainability in the Chemical Industry: Grand Challenges and Research Needs", Washington, DC: The National Academies Press.

2장 기업 고객이란 누구인가?

한상린, 『B2B 마케팅』, 21세기북스, 89쪽.

Robinson, P.J.; Faris, C.W.; Wind, Y.(1967), *Industrial Buying and Creative marketing,* Boston: Allyn&Bacon, pp. 20-27.

Hutt, M.; Speh, T.(2010), *Business marketing management,* South-Western.

Day, G.S., "managing marketing relationship", *Journal of Academy of Marketing Science* vol. 28.

Shapiro, B.P.(1987), "Manage customers for profits", *Harvard Business Review.*

Rigby, D.K.(2002), "Avoid the four perils of CRM", *Harvard Business Review.*

3장 시장 조사, 어떻게 할 것인가?

Adapted from Institute for study of business markets, Penn State University.

Hutt and Speh, *Business marketing management,* South-Western, 10th ed.

Maxwell, J., *Qualitative Research Design*, 3rd ed. Sage.

Porter, M.E.(1980), *Competitive Advantage,* Free Press.

Day G.S.(1984), "The capabilities of market-driven organization", *Journal of Marketing,* Vol. 58, No. 4, pp. 37-52.

Foley, A.(2004), "Towards a further understanding of the development of market orientation in the firm: a conceptual framework based on the market-sensing capability", *Journal of strategic marketing* 12, pp. 219-230.

Lindblom A., et al(2008), "Market-sensing Capability and Business Performance of Retail Entrepreneurs", *Contemporary Management Research* Vol. 4, No. 3(September), pp. 219-236.

4장 시장 접근 전략

Levitt, T.(1960), "Marketing Myopia", *Harvard Business Review.*

Friedman L.(2002), *Go-to-market strategy*, Oxford: Butterworth-Heinemana.

Bain & Company(2015), "Creating an adaptive go-to-market system."

Freytag, P. V. Et al(2001), "Business to Business market segmentation", *Industrial Marketing Management,* Vol 30, pp. 473-486.

Levina, O.(2010), "Business to Business market segmentation", Ph.D. Thesis, Mikkeli Univ.

www.b2bmarketing.net

Trout, J.(2004), "Positioning is a game people play in today's me-too market place", *Industrial Marketing,* pp. 51-55.

www.labbrand.com

앨 리스 , 잭 트라우트 지음, 안진환 옮김, 『마케팅 전쟁』, 비즈니스 북스.

Moore, J.A.(2004), *Crossing the chasm,* Harper Collins.

"Center for strategic supply research"(2006)

5장 제품 포트폴리오 전략

LG화학(www.lgchem.co.kr)

McNamee, P.B.(1985), *Tools and Techniques for strategic management,* Pergamon Press.

Accenture report(2015), the chemicals industry: getting ready for next-generation B2B.

Cooper R.G.(1986), *Winning at new products,* Gage.

Cooper R.G.(2008), The stage-gate Idea-to-Launch process-Update, What's new and Next generation systems, *Journal of product innovation management,* vol 25, pp. 213-232.

동아비즈니스리뷰, 2013년 8월.

www.greenchemicalcampus.com(Subsidiary of SABIC)

6장 가격 전략

Price Intelligently(www.priceintelligently.com)

SABIC, 미래 전략 팀, Value capture strategy.

Hutt and Speh, *Business marketing management,* South-Western, 10th ed.

동아비즈니스리뷰, 2008년 3월.

Menon A., et al(2005), "Understanding customer value in B2B relationship", *Journal of B2B marketing*.

Schilling M.A., *Strategic management of technological innovation*, 4th ed., McGraw-Hill, p. 75.

7장 판매망 전략

개인 블로그, www.socttmadden.com

보스턴 컨설팅 그룹(BCG) 보고서(2009).

SAP(2007), "Supply chain collaboration: The key to success in a global economy."

Franklin, J., *The channel strategy and marketing*, R2M.

Stock J.R., et al, *Strategic logistics management*, McGraw-Hill, 5th ed.

Stern L.(1993), "Channel network restructuring", *European Management Journal*.

Fermont M.(2007), "Channel management in the chemical industry-selecting the right option", *Journal of Business chemistry*, Vol. 4, Issue 3.

Deloitte report(2017), "Supply chain management in the chemicals industry."

IMAP report(2016), "A view on the chemical and chemical distribution market."

보스턴 컨설팅 그룹(BCG) 보고서(2010), "Opportunities in chemical distribution."

Min SH., Mentzer J.T.(2000), "The role of marketing in supply chain management", *International Journal of physical distribution & logistics management,* Vol. 30. No. 9.

8장 마케팅 커뮤니케이션

MK Biz, "바스프는 어떻게 B2B 브랜드 마케팅 강자 됐나", 2012년 11일.

한상린, 조선 비즈, 2016년 7일.

W.L. Gore(www.gore.com)

DuPont(www.dupont.com)

www.lycra.com

www.eastman.com

Turner J.(2014), "Ingredient branding: A win-win situation or a zero-sum game?", DSM.

개인 블로그, www.richardlane.com

IDG report(2014), 「디지털을 만난 B2B 마케팅」.

휴넷 보고서(2004), 「통합적 마케팅 커뮤니케이션」.

Accenture report(2015), "The chemical industry: Getting ready for next-generation B2B."

Monrabal, J.I.(2013), "Marketing communication in industrial B2B markets enhancing the value fo the corporate brand replying on common added value", *Marketing of scientific and research organizations,* No. 3

Fill C., Jamieson B.(2014), *Marketing communications,* Edinburgh business school.

9장 마케팅 전략 수립과 로드맵

Bain & Company, "Marketing strategy building process."

Product Plan(www.productplan.com)

Smart Insight blog(www.smartinsight.com)

Launch insight, "Using the marketing roadmap template."

SABIC 미래 전략 팀, "Marketing Roadmap Template."

이 책은 기존의 여러 참고문헌들을 바탕으로 최대한 실무에 적용하기 쉽게 꾸며졌다. 본문 여러 곳에 참고문헌에 대한 내용들이 많이 포함되었으나, 그중 몇 가지는 좀 더 자세하게 소개하여 관련 실무자들에게 도움을 주었으면 한다. 서점에서 쉽게 구매할 수 있는 책들이니, B2B 마케팅에 대한 폭을 넓히고 싶으면 꼭 참고하기 바란다.

한상린, 『B2B 마케팅』, 21세기북스.
B2B 마케팅의 국내 최고 권위자인 한양대 한상린 교수의 저서이다. B2B 마케팅 전반에 대한 폭넓고 자세한 내용들이 포함되어 있어서, B2B 마케팅 입문서를 찾고 있다면 우선 추천하고 싶다.

Michael D. Hutt & Thomas W. Speh, *Business Marketing Management: B2B*, South-Western.
벌써 11쇄가 나왔을 정도로 B2B 마케팅의 고전이자 교과서의 역할을 하고 있는 책이다. 주로 미국의 사례를 기반으로 하고 있지만, 그만큼 다양한 사례와 깊이 있는 내용으로 구성되어 있다. B2B 마케팅의 실무자라면 꼭 소장하고 필요할 때마다 참고해야 할 책이다.

Simon Hall, *Innovative B2B Marketing: New Models, Processes and Theory*, Koganpage.

B2B 마케팅의 최근 동향을 자세히 소개하고 있는 책이다. 특히, Part 3에서 최근에 주목받는 디지털 콘텐트 마케팅에 대해 비교적 자세하게 소개하고 있으니, 실무자들에게는 많은 도움이 될 것이다.

이마무라 히데야키, 『보스턴 컨설팅 그룹의 B2B 마케팅』, 비즈니스 맵.

이론보다는 실무 위주의 책으로 업무에 큰 도움이 될 수 있다. 내용이 어렵지 않아서, 마케팅 외에 다른 기능 부서도 참고하면 도움이 될 것이다. 최신 내용을 좀 더 보완한 2쇄가 나오기를 기대하고 있는데, 아직까지는 소식이 없다.

앨 리스, 잭 트라우트, 『마케팅 전쟁』, 비즈니스북스.

마케팅 업무에 어느 정도 익숙해진 관리자라면 참고해 볼 만하다. 개인적으로는 수많은 마케팅 관련 서적 중에서 첫 손가락에 꼽는 책이고, 전 세계적인 스테디셀러 중의 하나이다. 마케팅 전략을 세계 전쟁사에 빗대어 풀어내는데, 각각의 역사적 사례로부터 많은 영감을 받게 된다. 클라우제비츠의 『전쟁론』과 같이 읽으면 더욱 흥미 있을 것이다.

에릭 리스, 『린 스타트업』, 인사이트.

바야흐로 전 세계 경제의 최대 화두는 스타트업인 것 같다. 세계 곳곳으로 출장 다니면서, 그와 같은 열기와 역동성을 많이 목격하게 된 점은 개인적으로 큰 행운이라고 생각한다. 실리콘밸리의 연쇄 창업가들은 이런 경향의 선두에 있는데, 이 책은 그들의 경험이 고스란히 녹아 있다. 특히, B2B 산업에서 고찰해 볼 내용들이 많다. 신제품의 마케팅 활동을 계획하는 관리자라면, 꼭 참고해야 할 책이다. 이 책 이후에 여러 관련 서적들이 출간되었으니,

같이 참고하면 많은 도움이 될 것이다.

박진한, 『디지털 마케팅 로드맵』, 커뮤니케이션북스.
본격적으로 B2B 마케팅을 다루는 책은 아니지만, 최근에 급속히 변화하는 마케팅 커뮤니케이션의 추세를 확인할 수 있는 책이다. 본문에서도 언급했지만, 디지털 마케팅 커뮤니케이션은 B2B 마케팅의 가장 유망한 분야라고 할 수 있다. 관리자들은 시대에 뒤처지지 않기 위한, 그리고 입문자들은 새로운 전문 역량을 쌓기 위한 좋은 길잡이가 될 것이다.

킵 보드나, 제프리 코헨, 『B2B 소셜미디어 마케팅』, 블로터앤미디어.
『디지털 마케팅 로드맵』과 같이 읽으면 좋다. 최근의 B2B 마케팅은 커뮤니케이션 믹스에 소셜미디어의 활용을 적극적으로 고려하고 있는데, 이와 같은 시도는 앞으로 더욱 확대될 것으로 보인다. 이 책은 이와 같은 전반적인 추세를 미리 확인해 볼 수 있는 기회를 제공해 주고 있다.

케미컬 마케팅

1판 1쇄 발행 2018년 7월 15일

지음 | 전병옥
디자인 | 디자인호야
펴낸이 | 조영남
펴낸곳 | 알렙

출판등록 | 2009년 11월 19일 제313-2010-132호
주소 | 경기도 고양시 일산서구 중앙로 1455 대우시티프라자 715호

전자우편 | alephbook@naver.com
전화 | 031-913-2018, 팩스 | 031-913-2019

ISBN 979-11-89333-01-0